水利千秋 廉润初心

浙江水利水电学院纪委 编

——浙江治水历史人物廉洁故事

上海交通大学出版社
SHANGHAI JIAO TONG UNIVERSITY PRESS

内容提要

本书聚焦治水和廉洁主题，结合历史评价，筛选出覆盖浙江省11个地市、自古代至近现代的50位治水人物，挖掘、编撰与这些人物相关的勤政为民、廉洁奉公的治水故事，实现水利、廉洁、文化、育人四者相互融合、相互促进。这些故事既体现治水人物的高超智慧和丰功伟绩，也反映他们做人、治水的廉洁品质和精神品格，是中华优秀传统文化的重要内容，必将进一步激励人们在新时代新征程上更加勤廉并重、勇毅前行。

本书适合水利行业工作者、纪检监察工作者等参考阅读。

图书在版编目（CIP）数据

水利千秋 廉润初心：浙江治水历史人物廉洁故事 / 浙江水利水电学院纪委编. — 上海：上海交通大学出版社，2023.9

ISBN 978-7-313-29335-0

I. ①水… II. ①浙… III. ①水利工程—人物—列传—浙江—通俗读物②廉政建设—浙江—通俗读物 IV. ①K826.16-49②D630.9-49

中国版本图书馆CIP数据核字（2023）第162791号

水利千秋 廉润初心：浙江治水历史人物廉洁故事
SHUILI QIANQIU LIANRUN CHUXIN:ZHEJIANG ZHISHUI LISHI RENWU LIANJIE GUSHI

编　　者：浙江水利水电学院纪委
出版发行：上海交通大学出版社　　　　　地　　址：上海市番禺路951号
邮政编码：200030　　　　　　　　　　电　　话：021-64071208
印　　制：上海锦佳印刷有限公司　　　　经　　销：全国新华书店
开　　本：710mm×1000mm 1/16　　　　印　　张：15.75
字　　数：245千字
版　　次：2023年9月第1版　　　　　　印　　次：2023年9月第1次印刷
书　　号：ISBN 978-7-313-29335-0
定　　价：68.00元

前　言

　　廉洁文化是中华优秀传统文化、社会主义先进文化的重要组成部分。党的十八大以来，以习近平同志为核心的党中央高度重视廉洁文化建设，将廉洁文化建设纳入全面从严治党战略布局，注重从文化和价值观层面推进反腐败斗争，思想建党和制度治党同向发力，坚持依法治国和以德治国相结合，形成浓厚的廉洁文化氛围，对党的建设特别是党员、干部队伍的建设，引领健康的社风民风发挥了重要作用。2022年2月，中共中央办公厅印发的《关于加强新时代廉洁文化建设的意见》提出，把加强廉洁文化建设作为一体推进不敢腐、不能腐、不想腐的基础性工程抓紧抓实好。《中共浙江省委关于纵深推进清廉浙江建设的意见》提出要"发挥清廉文化的潜移默化作用""打造清廉文化高地，全面实施新时代清廉文化建设工程，充分发挥清廉文化的导向、教育、激励和约束作用。"实现"清廉文化深入人心，社会整体清廉程度显著提升，清廉成为浙江的风尚"的目标。2022年6月，浙江省第十五次党代会明确提出要"打造新时代清廉建设高地"的目标。浙江省纪委在《监督推动清廉浙江建设高质量发展工作方案》中也明确提出"以培育廉洁文化为支撑，强化崇廉拒腐的思想基础"。

　　文化而润其内，养德以固其本。廉洁文化具有自律、教化、育人、感染、激励功能，在潜移默化中把廉洁自律的准则内化于心、外化于行，将廉洁从政从业内化为自身的思维习惯和价值追求，升华为干事创业的道德操守。廉洁文化建设正是以"思想觉悟"为问题导向，从精神层面着手，崇德尚廉、崇廉拒腐，在人们心底筑起一道反腐败的思想防线，为实现"不想腐"提供强大的内生动力。

　　浙江是中华文明的发祥地之一，也是自古以来重要的治水区域，在浙江悠久的传统文化历史积淀中有着丰富的勤政为民、廉洁奉公的治水故事。浙江水利水电学院作为浙江省唯一一所水利水电特色的工科类应用型本科高校，学校因水而生、因水而兴、因水而名，担负着为党育人、为国育才的重要任务。学校纪委立足职能职责，在构建领导干部清正守廉、教职工廉洁从业、学生廉洁诚信"三位一体"廉洁教育体系的探索中，思考如何有针对性地对领导干部强化是权力也是风险、对教职工强化是红线也是底线、对学生强化是育才也是育人的意识养成和效果呈现。我们认为，将水文化、廉洁文化、校园文化等结合起来是一条有效的途径。为此，校纪委组建课题研究小组，从 2021 年 3 月启动调研，通过察看地方水利古迹，走访水利部门，查阅地方志、水利志等资料，挖掘浙江人治水或在浙江治水人物的廉洁故事。希望通过相关研究，将其成果融入廉洁教育和育人工作，融入党员干部和师生日常，实现水利、文化、育人、廉洁四者相互融合、相互促进，既全方位、多维度培育清正廉洁的价值理念，从思想上培育党员干部、师生从政从教从业的廉洁意识，进一步营造学校良好的政治生态和育人环境，提高育人质量，推进清廉水院建设，也能展示浙江治水人的艰辛历程和伟大成就，提升水文化影响力，不断提升党员干部和师生投身为祖国为人民服务的自信自觉，厚植人文素养和精神境界，筑牢修身立德的根本。

本课题研究立足浙江，得到了浙江省水利厅、浙江水利水电学院、浙江省文史馆、各市县水利局和浙江水文化研究院等单位的大力支持和帮助，并纳入了《"十四五"浙江省水情教育规划》。我们从初选出的 100 余位治水人物中聚焦治水和廉洁主题，结合历史评价，筛选出 50 位治水人物，覆盖全省 11 个地市，既体现他们治水的高超智慧和丰功伟绩，也反映他们做人、治水的廉洁品质和精神品格，使我们后人从他们身上汲取治水为民、治水报国、"忠诚、干净、担当，科学、求实、创新"的水利精神和崇德尚廉、廉为政本、持廉守正等中国传统廉洁文化精华，增强文化自信和历史自觉，淬炼公而忘私、甘于奉献的高尚品格，培育为政清廉、秉公用权的文化土壤，涵养克己奉公、清廉自守的精神境界，培养敢于担当、善作善成的工作作风，强化自我修炼、自我约束、自我塑造的本领，使廉洁成为每一个人的立身之基、安身之本。

知所从来，方明所去。对历史最好的致敬，就是不断书写新的历史。回顾古今浙江治水历史人物的艰辛历程和伟大功绩，以历史观照现实，相信这必将进一步激励和鼓舞我们在新时代新征程上更加勤廉并重、勇毅前行！

限于编者水平，本书肯定还存在不少缺点和不足，敬请批评指正！

浙江水利水电学院纪委 徐旭东

2023 年 3 月

目　录

目　录

治水英雄 君王典范
——大禹

　　禹，又称夏禹，尊称大禹，是中国古代第一个王朝的奠基者，上古三王之一，与尧、舜齐名，是举世闻名的治水英雄。

　　大禹家世显赫，高祖黄帝位列三皇，祖父颛顼位列五帝，禹是继炎、黄二帝之后华夏文明的创始人，更是原始社会向文明社会过渡的关键人物。大禹一生为国为民、艰苦奋斗、无私奉献、鞠躬尽瘁，堪称君王典范、万世楷模。

　　大禹时代面临两大社会问题：一是部落战争。上古时代氏族部落之间为了争夺利益战争不断。黄帝居中原，炎帝在西方，蚩尤居东方，形成三足鼎立的局面，彼此攻伐，兵连祸结。二是洪水灾害。传说共工与颛顼争夺帝位，怒触不周山，折断了支撑天的柱子，扯断了拴系地的绳子，天向西北倾斜，地向东南塌陷，日月星辰都向西北运动，江河湖海都向东南流淌，导致巨浪滔天，生灵涂炭。是时洪水规模之大，弥漫范围之广，持续时间之长，造成灾难之惨重，堪称触目惊心，抗洪成为当务之急。面对凄惨现状，大禹子承父业，勇挑治水重担，辗转各地，风餐露宿，历时数年，终获成功。

　　大禹带领伯益、后稷一起赴任，跋山涉水，风餐露宿，节俭度日，没有一刻松懈，在吸取父亲鲧治水失败的经验教训中辅以规模宏大的实地测量，综合审视判断之后，

大禹陵

大禹认为一味靠"堵"无法根除水患，应该以"疏"为主，以"堵"为辅，才能彻底解决问题。确定变堵塞为疏导的基本方针之后，大禹率领部下全心投入治水大业之中。面对"往古之时，四极废，九州裂，天不兼覆，地不周载，火燫焱而不灭，水浩洋而不息，猛兽食颛民，鸷鸟攫老弱"的严峻局面，大禹废寝忘食，亲力亲为，无私无畏，在伯益、后稷二位的辅佐之下，大禹亲率治水大军，辗转九州，每天吃住在工地，亲自挖土挑泥，虽然拼尽全力，但是前七年治水大业停滞不前，未见效果，前途未卜。

由于长年在野外工作，终日奔波，风吹日晒，大禹的皮肤黝黑粗糙，面貌憔悴苍老，年过三十依然未能娶妻，治水路经涂山遇到女娇，二人结为夫妻。然而，婚后四天大禹就毅然告别妻子，再次踏上漫长艰苦的治水之路。禹治水前后经历十三年，凿山导水，播九河，划九州，公而忘私，国而忘家，旷日持久，呕心沥血。先秦著名思想家韩非子曾说："禹之王天下也，身执耒锸以为民先，股无完肤，胫不生毛，虽臣虏之劳，不苦于此矣。"指出大禹在治水时始终身先士卒，亲自拿着锄头和铲子参与劳作，高强度的工作使得大禹骨瘦如柴，大腿没有肉，小腿不长毛，即使是奴隶也没有这么辛苦。大禹带领民众开挖河道，引水入海，通过努力尽量减小洪水对人民生命财产的威胁。大禹节衣缩食，居室简陋，所有资财全部用于治理河川，三过家门而不入，终于驯服洪水，昔日被大水淹没的陆地、农田渐渐显露出来，树木开始生长，花草散布芬芳，大地重新焕发生机，百姓繁衍生息，社会蓬勃发展，人类进入文明时代。

大禹治水不论在方法还是在措施方面均有空前的开拓与创新，对后世具有较强的借鉴意义。

一是宏观规划。树立全局观念，分步推进工作。大禹治水范围很广，足迹踏遍整个中原地区，几乎对所有的山川河流都进行过详细勘察。整体规划合理布局之后，大禹将治理工作分为三个阶段。第一阶段，先将中原地区分为冀州、兖州、青州、徐州、扬州、荆州、豫州、凉州、雍州九州，根据九州的地质情况采取挖渠疏通，局部堵塞的方法，奠定了九州的格局。第二阶段，以各大山川为主进行治理，开凿山体，疏通水道，避免山路被洪水淹没。第三阶段，疏通水脉，疏导黄河、淮河、长江等河流，以此为中心并且整体治理了九州河道。大禹治水闪现智慧的光芒，治水工作有详有略，分阶段、分步骤稳步进行，通过完善行政区划和水土综合治理，从而达到根治水害的目的。

二是灵活调整。大禹治水可以分为两个方面，一是对大江大河的治理，主要是通淤分流；二是对沟洫的修治。总体方针确定之后，大禹凿碣石，掘十河，凿三门，擘太华，开龙门，辟伊阙，移柯山，凿三峡，对待每一项工程都极其细致。面对千差万别的地理环境，大禹时刻根据实际情况调整政策，争取在治水过程中一并治理河道水患。例如在黄河中上游开山成峡之前，大禹先在兖州挖掘十河以便山海中的水奔腾而下时有处宣泄，避免造成更大的灾害。大禹治理岐山、荆山、雷首山、太岳山、太行山、王挝山、常山、砥柱山、碣石山、太华山、大别山等，主要工作就是疏通水道，但是方法各不相同，全面体现科学精神。在部分地区大禹将工作重点由"水"转向"土"，治水的最终目的就是为了保存人们赖以生存发展的土地。中原大地凡是禹平治整理过的土地多被称为"禹之绩""禹之迹""禹之堵"，人们借此表达对大禹平治水土的深深敬意。

大禹能够完成如此浩大的工程，与他采取先进科学、实事求是的治水方法密不可分，具体表现为以下方面。

一是科学测量。大禹一路风尘，白天实地考察，夜间整理思考，渴望找到切实可行的治水方法。大禹翻过无数高山，踏过无数河流，时刻携带准绳、规矩以及测四时、定方向的专业仪器，走到哪里就量到哪里，准确测定高山大川的状貌，并且树立木桩作为标志。大禹认真探查，研究各处河道存在的问题，与助手夜以继日研讨合适的方法，最终获得海量严谨确切的参考数据，为提出正确的治水方略奠定基础。如大禹没有埋塞能够从黄河分流一小部洪水的济水口，而是开蒗荡渠以通淮泗，作为灌溉和通航以及向黄淮平原补充地下水及沼泽水之用，维护生态平衡，从而使黄淮平原成为不怕水旱的鱼米之乡。这一工程经过历代维护，应用时间长达三千多年，是世界上使用时间最长、功效最大的水利工程。

二是因地制宜。大禹根据山川地理情况，把整个中国当作一个整体来治理，开凿山川，疏通大河，平整土地，不同的地域采用不同的方法。大禹吸取前辈教训，

"顺水之性，不与水争势"，尊重自然规律，采取"高高下下，疏川导滞，钟水丰物，丰殖九薮，汩越九原，宅居九隩，合通四海"的治水方法，即顺着河流周边的地势，高处夯土培石，使之更高能够成为河湖堤防；低洼之处疏浚河道、深挖湖沼，使之能够水流畅通、蓄积湖水；消除大山壅塞之害，将山泉引入大河，同时还要保证高山不能堕坏；各地壅塞的川流疏通之后又在湖泊、沼泽的周边修筑堤防，防止湖水外溢。治水完成之后，大禹继续修理平原上的道路，方便耕耘和行旅。他还建议百姓在隩中修屋，隩是高于河水的岸边，同时背面又有高崖的地方。这种地方非常适合居住，既离河水近，又远高于河水水位；同时房子背后又有高崖，可以抵挡寒风，全方位改善当地居民的生产生活状况。大禹在四海之内的所有地方都采取了以上措施，甚至是没有遭遇洪水的地方，大禹依然带领百姓进行同样的疏导和建设，以至于华夏大地留下大禹治水遗迹的地方数不胜数。大禹所到之处，农业繁荣发展，生活安宁富足。

三是发动群众。治水工作甫一开始，大禹就向每个部落征集民工，并且设置专门官员负责施工，团结一切可以团结的力量奔赴一线。每到一个地方也立即号召当地百姓加入治水大军，对百姓体贴入微，没有丝毫怠慢。大禹心系苍生，甘于奉献，各项工作都能身先士卒，和民众埋头苦干，一起吃住，每当遇到难以攻克的难题，大禹就不断鼓励大家，同心协力坚决除害。

四是鼓励生产。大禹治水不单是疏导洪水，同时还修筑道路，划分区域，发展农耕，安定百姓，努力构建没有剥削、没有压迫的和谐社会。在实际工作中大禹将治水与安民结合起来，一边疏导洪水，一边平整土地，使得大量地方变成肥沃良田。其后又让伯益、后稷教百姓种植麦稻，伯益分发稻种给民众，告诉大家可以种植在低洼潮湿的土地之上。粮食匮乏之时，大禹又派后稷赈济难民，将一些地区的余粮调剂给缺粮地区。大禹通过治水彻底改变了当时社会的原始落后状态，同时促进了农耕与青铜冶炼技术的广泛使用，促使古老的华夏民族进入灿烂的青铜时代，在世界文明史上写下不朽篇章。

五是建立制度。远古时代洪水肆虐，治水成为关系各个部落生死的头等大事，部落之间只有通力合作才有可能获得胜利，因此需要强有力的统一领导，更需要组

成固定的领导机构。随着治水的推进，各个部落公推的领袖人物获得前所未有的权力，治水领导机构也慢慢演变成国家组织，为夏王朝的建立奠定了坚实的根基。

大禹继承帝位之后以阳城为都城，国号夏，在位十五年后逝世，葬于会稽山上（今浙江绍兴），至今该地仍存禹庙、禹陵、禹祠，表达后世对大禹的无限敬仰之情。

鲧、禹一家两代都将青春年华甚至宝贵生命奉献给了治水事业，鲧治水失败被杀，禹识大体，顾大局，三过家门而不入，火热之心献给天下黎民，舍小家为大家的卓越品质成为激励中华民族奋勇前行的精神力量。大禹虽然后来贵为帝王，但是在治水之中更多体现的是艰苦奋斗、因势利导、吃苦在前、享乐在后，切实做到了"先天下之忧而忧，后天下之乐而乐"，这样一个如劳动英雄一样的帝王形象，得到历代文人的高度赞扬和普通百姓的广泛爱戴，由此形成的大禹精神与大禹文化，成为中华民族优秀文化的重要组成部分。

世界各地都有洪水传说，但大多是人类如何逃生的内容，唯独中国的洪水传说是人类如何治理洪水，变害为利的故事。大禹凭借出色的政治才干，杰出的军事才能，丰富的文化知识，坚忍不拔的意志，成为中华民族的治水英雄、帝王典范。

大禹公而忘私、忧国忧民的奉献精神，艰苦奋斗、百折不挠的创业精神，尊重自然、因势利导的科学精神，以身为度、以声为律的律己精神，严明法度、公正执法的法治精神，民族融合、九州一家的团结精神，成为中华文化的源头与象征。大禹精神不限于大禹一人，而是凝聚了一代代水利人共同的精神追求，是水利人的精神旗帜。

————

参考文献

[1] （汉）司马迁. 史记 [M]. 北京：中华书局，1959.

[2] 范颖. 论大禹治水及其影响 [D]. 武汉：武汉大学，2005.

[3] 刘利娟. 大禹神话研究 [D]. 曲阜：曲阜师范大学，2018.

[4] 宋恩来. 大禹研究 [D]. 济南：山东大学，2018.

[5] 陈广忠. 细读国学经典丛书 [M]. 北京：研究出版社，2018.

[6] 汪启明. 中华简史 [M]. 北京：中华书局，1959.

躬修两胥水 造福千万家
——伍子胥

伍子胥（公元前526—公元前484年），名员，字子胥，楚国人，春秋末期军事家，官至吴国大夫，因封于申，也称申胥。伍子胥"少好于文，长习于武"，性刚强，勇而多谋，有"文治邦国，武定天下"之才。伍子胥从楚国逃到吴国后，成为吴王重臣。伍子胥是一位优秀的政治家、军事家，他辅佐吴王阖闾，西破强楚，北败鲁、齐，成为春秋时期诸侯一霸。公元前484年，吴王夫差听信谗言，逼伍子胥自尽而死。

鲜为人知的是，伍子胥在水利上也颇有建树，他曾先后主持开凿了两条古老的人工运河：一为胥溪，一为胥浦。

当时，吴国的势力范围主要在今江苏、上海、安徽和浙江一带，地处长江三角洲，其优越的气候与地理环境造就了物产富饶的鱼米之乡，交错纵横的水网造就了吴国发达的漕运。交通便利，对外贸易畅通，使吴国国力逐渐强盛，吴王阖闾征战沙场和拓宽疆域的野心亦逐渐膨胀。周敬王十四年（公元前506年），在伍子胥等一帮谋臣的辅佐下，吴楚战事在江淮之间展开。江淮地区水网稠密且错综复杂，现存的两条水路不但迂回曲折、路途遥远，而且要时时提防江海风涛之险，危险万分，并不

伍相祠

利于吴水路出兵作战。于是，伍子胥受命开挖一条从苏州往西、直达今芜湖的水上通道。

伍子胥实地勘探苏州到芜湖沿岸的地形水貌，发现太湖西面有条荆溪东西横贯，穿过满湖、长荡湖，注入太湖。继续往西，又有一条水阳江穿过固城湖、石白湖和丹阳湖，流入长江。于是，伍子胥决定沿荆溪开挖运河，将它和水阳江水系沟通。运河完工后，发现由于西高东低，水位落差较大，根本不利于航行。为平缓水势，伍子胥便沿着这条不长的运河设计了五道堰坝，方便船只通行。这便是胥溪运河，又称胥江运河。北宋学者、水利专家单锷于元祐四年所著的《吴中水利书》引用了钱公辅之说："自春秋时，吴王阖闾四年（公元前511年）用伍子胥之谋伐楚，始创此河，以为漕运，春冬载二百石舟，而东则通太湖，西则入长江，自后相传，未

西塘

始有废。”

　　胥江建造完成之后，大大便利了吴国对楚的水上作战。据说吴国的舟师由太湖出发沿胥江悄悄西进，可直接停泊在安徽芜湖附近，悄无声息地出现在巢湖楚军前，让敌方措手不及。最后，吴国五战五捷，攻破楚都郢，取得了吴楚战争的决定性胜利，伍子胥终报杀父杀兄之仇。胥江既沟通了长江和太湖水道，便利通航漕运，又兼有灌溉和分洪泄洪功能，避免了吴地水患，对当地百姓的生计发展有着十分重大的意义，对当地经济社会发展产生了重大影响。

　　几年后，吴王又命伍子胥开挖了另一条人工运河——胥浦，“自长柳至界径，而东尽纳惠高、彭巷、处士、沥渎诸水”。胥浦作为太湖的泄水道，联通太湖和大海。今天的胥浦又被称作胥浦塘，虽然已不如以前那么重要，但它还能通航百吨船舶，仍是上海市区经金山通往浙江平湖、海盐等地的水上运输重要通道。

伍子胥在水利方面的功绩，不仅仅是修建了流芳百世的胥溪和胥浦，他还主持开凿了胥塘和伍子塘。伍子胥领兵讨伐越国，经过今魏塘街道，出于军事通航和排涝灌溉需要，开凿了南起胥山、北接西塘的"伍子塘"，又称"伍水"。同时，伍子胥"引胥山以北之水凿塘，经双荇巷、平塘山、会西塘，入祥符荡，全长 27 里"，称"胥塘"。因"胥"和"西"谐音，年代久远，西塘这个名字就流传了下来。

伍子胥不仅因其"弃小义，雪大耻，名垂于后世"，还因其开挖了历史上第一条人工运河，既便利了当地漕运和排涝灌溉，又避免了吴地水患，造福一方，意义重大。其审时度势、心系百姓、实事求是、开拓创新的形象，在历史的洗涤下越发闪耀。

参考文献

[1] 金山县县志编纂委员会.金山县志 [M].上海：上海人民出版社，1990.

[2] （汉）司马迁.史记 [M].北京：中华书局，1959.

[3] 王如高.100 位水利名人 [M].南京：河海大学出版社，2009.

躬修两胥水 造福千万家——伍子胥

拦水筑堰 护佑苍生

——卢文台

卢文台（生卒年不详），字高明，幽州范阳（河北定兴）人。卢文台自幼聪颖，善读诗书，又善练武，当时汉室边境局势动荡，匈奴边寇入侵，卢文台立志报效朝廷，投军从戎，官至辅国大将军，后韬迹隐退金华。隐居期间，卢文台率部及后人在白沙溪上修筑三十六堰，灌溉浙中地区大片农田，两岸百姓受益良多。村民们尊称卢文台为"白沙老爷""白沙王""白沙侯""金华的大禹"。在白沙溪河畔，有大小寺庙100余座，都供奉着文台神。

据传，建武三年（公元27年），因不肯归顺王莽篡权而建的"新朝"，卢文台率部36人从宜阳退隐到白沙溪上游的辅仓停久（亭久）。他隐退辅苍后，屯垦以居，开辟良田，自力更生。那时白沙溪长时间疏于治理，晴旱雨涝，两岸农田经常颗粒无收，两岸百姓深受其害，生活难以得到保障。

卢文台眼见白沙溪因旱涝屡致两岸田园颗粒无收，不忍农户生存艰难，决心治理白沙溪。他率部将和当地老百姓，针对溪水落差大、深潭多的特点，运用"以潭筑堰蓄水，开渎引水灌田"的方法，在白沙溪上拦水筑堰，堰坝呈一字形，开渠引水灌田，名白沙堰，自此开启了白沙溪三十六堰建设的序幕。《金华府志》记载为：

水利千秋 廉润初心
——浙江治水历史人物廉洁故事

"白沙堰广一丈三尺，长六十里。"这也成为三十六堰的代表堰。

卢文台首建白沙堰，再建停久堰，为创建其他 30 多座堰提供了丰富的实践经验。此后 200 多年间，卢文台及其部将的后人与当地老百姓继续传承白沙堰的实践经验，陆续在白沙溪修筑堰坝引水灌溉，完成了白沙溪从最上游的沙畈堰到白沙溪注入婺江交汇口附近的中济堰，横跨 45 公里，水位落差 168 米，共计 36 座堰坝的梯级堰群。这一堰群，是当时国内外罕见的拦水筑堰引水灌田的长梯级引水工程，是一座兼具防洪、蓄水、水利加工等多种功能的堰坝群。

白沙溪三十六堰的修筑，使原来易淤易决易旱的白沙溪流域农田，成为自流灌溉、旱涝保收、沃野数百里的粮仓，为金衢盆地成为浙江仅次于杭嘉湖地区的第二大产粮区做出重要贡献，并奠定了金华在浙中的政治、文化和经济中心地位。历经 1 900 多年，36 座堰中仍有 21 座古堰发挥着引水灌溉作用，灌溉农田达 27.8 万亩，在浙江金华国民经济和社会发展中具有极为重要的地位和作用。2020 年 12 月 8 日，世界灌溉工程遗产评选结果揭晓，金华白沙溪三十六堰正式进入世界灌溉工程遗产名录。

卢文台在白沙溪上首筑堰坝，造福乡里，受到了白沙溪两岸百姓的爱戴和崇敬。白沙乡民"饮水不忘挖井人"，在多数堰旁建庙塑像以表敬仰。据不完全统计，仅在白沙溪流域就有白沙庙 36 座之多，还有在周边邻县，如兰溪、遂昌、浦江，甚至义乌、丽水等地都有纪念敬祀卢文台的白沙庙宇。

白沙溪

历代朝廷对其功绩也多次进行了封诰，曾四次封侯，三次封王。据记载，从唐代到宋元，先后有 6 位皇帝 7 次对卢文台追敕封诰，依次封其为"武威侯""保宁王""昭利侯""灵贶侯""孚应侯""广济王""忠烈王"。历代写诗歌颂卢文台功绩和三十六堰的诗人官吏较多。南宋左丞相王淮作《白沙遗兴》，诗曰："白沙三十有六堰，春水平分夜涨流。每岁禾田无旱日，此乡农事有余秋。功驰汉室为名将，泽被吴邦赐列侯。千古威灵遗庙在，至今血食偏遐陬。"明永乐进士杜桓《白沙春水》

曰："白沙溪水镜光清，水面无风似掌平。春暖锦鳞吹细浪，晚晴黄鸟布新声。烟堤绿树人家小，云渚斜阳钓艇横。三十六渠饶灌溉，秋田万顷仰西成。"明成化年间，汤溪第一任县令宋约为白沙堰作诗一首，诗赞卢文台和白沙堰："当年辅国有奇功，勇退归山作卧龙。不问生前承帝宠，却从殁后赐侯封。魏巍古相临清渚，寂寂高坟对碧峰。三十六湾溪堰水，至今利泽未曾穷。"明代开国大臣宋濂、吴沉特为卢文台作《昭利庙碑记》，记曰："炎汉中叶，龙飞白水。悠悠辅苍，白沙之浜。有田树艺，庇我农人。郑渠白渠，专美靡许。泛我清泉，渥我稷黍。降我丰穰，盈我仓庾。"颂词十分真实贴切。

浙江水利水电学院"水分子"社会实践队走访白沙溪三十六堰

卢文台死后葬在停久（亭久）村，卢文台墓也叫昭利侯卢公墓，原名"隐圣丘"，大概与卢文台隐姓埋名有关。其墓碑上刻着《敕封昭利侯卢公之墓》的碑文。墓左右有"创开圳道，驰名东汉""隐退辅苍，施泽吴邦"等对联。该墓在清道光四年甲申（1842年）曾经捐修，清道光二十四年甲辰（1844年）刊碑铭云："汉故将军卢公之墓，琅岩徐清臣建。"现墓为大清光绪二十二年丙申（1896年）仲冬吉日所立。其墓葬已经公布为市级文物保护点，常有当地百姓前去祭拜。

　　悠悠金华城，渊渊白沙堰，历经岁月洗礼，千年白沙古堰始终在发挥作用。立下传世功勋的"治水将军"卢文台修筑白沙堰的传说在民间演绎出无数版本，被世世代代供奉传唱。这位"白沙老爷"，他的前半生是一场大火，在中原纵横驰骋，留下赫赫战功；他的后半生是一条溪流，潜移默化地滋养百姓，他所传递的治水文化和精神源远流长，深深地刻进乡民们的心里，流芳百世。

————

参考文献

[1] 金华市地方志编纂委员会. 金华市志 [M]. 北京：方志出版社，2007.
[2] 《金华市婺城区志》编纂委员会. 金华市婺城区志 [M]. 北京：方志出版社，2011.
[3] 《浙江文化年鉴》编纂委员会. 浙江文化年鉴 (2017)[M]. 杭州：浙江工商大学出版社，2018.
[4] 张柏齐，崔士文. 白沙古堰的历史与传说 [M]. 杭州：浙江工商大学出版社，2013.

修筑鉴湖泽被黎明
两袖清风跨越时空
——马臻

马臻（88—141 年），字叔荐，东汉著名水利专家。顺帝永和五年（140 年）任会稽太守，主持兴建大型综合水利工程——鉴湖。鉴湖东起曹娥江，西至钱清江，是浙江历史上规模最大、配套最全的人工湖泊，具有防洪、抗旱、灌溉、供水、航行等多重功能。鉴湖的修筑不仅为山会平原农业的稳定发展提供保障，更为江南水乡的繁荣昌盛奠定基础。自东汉始，会稽地区在鉴湖的滋养下由灾患频仍的荒服之地变为名副其实的鱼米之乡，历经三国两晋南北朝、隋唐五代直至北宋，千余年间，民受其利，鉴湖堪称中国古代水利史上的一大奇迹，马臻亦被誉为"鉴湖之父"。

会稽地区群山环绕，湖泊众多，由北向南依次形成"山脉—湖群—平原—大海"的特殊地形，自古以来屡受山洪、海水侵袭。每当怒潮上溯，洪水暴发，东冲西决，平原瞬间变为汪洋，百姓举步维艰。干旱之时却无水灌溉，农民颗粒无收。面对恶劣的自然环境，马臻决定兴修水利，造福大众。马臻充分吸收前辈治水经验，经过艰辛严谨的实地勘察，设计出缜密可行的施工方案，并于永和五年力排众议发动民众筑堤挖湖，利用南面依山、中为平原、北面临海的台阶地形条件，上蓄洪水，下拒咸潮，丰水期引流入海，枯水期泄湖灌溉，以期达到兴利除害、泽被黎民的目的。

马臻所筑鉴湖以会稽郡城为中心，将历代已有湖堤加高培厚，并且因地制宜

增筑新堤，彼此连成长达一百二十七里的大堤。大堤东段自五云门至曹娥江，长七十二里，西段自常禧门至浦阳江，长五十五里，有效拦截会稽、山阴两县三十六溪之水，形成周长三百一十里、宽约五里的狭长湖泊，即号称八百里的鉴湖。由于会稽地区东部地形略高于西部，马臻又因势利导在鉴湖中间修筑一条长约六里的驿道作为湖堤，将鉴湖分为东、西两个部分，其中东湖面积八十七点三六平方公里，西湖面积八十五点零九平方公里，并在堤坝之上巧妙地设置泄洪放水设施："斗门八所，闸七处，堰二十八处，阴沟三十三处。"藉此造成三级台阶式地形，即湖水高出堤外农田长余，而农田高出海面丈余，最终形成可控自流灌溉态势，再加上斗门、闸、堰等一系列辅助设施，使得鉴湖充分发挥灌溉排水功能，干旱时期开闸放水，利用湖水灌溉。山洪暴发，关闸蓄水，如果水量过大，鉴湖无法承载，则打开下泄斗门，洪水即可排入杭州湾，惠及田地多达九千余顷。为及时获取水位消息采取防控措施，马臻还在会稽五云门外及山阴常禧门外设置水则碑，用以判断蓄水或者排水的标准。鉴湖以堤岸之长，水域之宽，水利设施之先进，经济效益之显著，成为伟大的水利奇迹。至此，会稽地区境无荒废之田，田无水旱之患，沃野千里，岁稔年丰，山川秀美，人口激增，一跃成为"无凶年，无饿殍"的富庶繁华之地。

马太守庙

马臻凭借良好的自身素质以及扎实的专业知识时刻践行"为官一任，造福一方"的治郡理念，主持修筑的鉴湖不仅是科学的水利设施还是优美的风景名胜。永和九年，江东才俊兰亭雅集，饮酒赋诗，曲水流觞，"书圣"王羲之即席写成"翩若惊鸿，矫若游龙"的《兰亭集序》，一时之间文人荟萃，魏晋风流成为千古美谈。鉴湖使得会稽名闻天下，名贤汇聚，游人如织，贺知章、李白、杜甫等著名诗人都曾流连于此，鉴湖也成为浙东唐诗之路上的重要站点。宋人王十朋赞道："杭之有西湖，犹人之有眉目；越之有鉴湖，犹人之有肠胃。"马臻修筑鉴湖完美融合山—川—物—人的多方优势，趋利避害，扬长避短，使得人与自然和谐相处，人与环境良性互动，也使会稽获得"东南山水越为首，天下风光数会稽"的美誉。

马臻修筑功在当代、利在千秋的鉴湖，为百姓带来福祉，却为自己带来灾难。筑湖势必淹没分布在众多湖泊之间的土地、房屋、坟茔等，损失最大的当是坐拥万亩庄园的权贵阶层，因此修筑鉴湖遭到豪强大户的激烈反对，他们对马臻威逼利诱，派遣说客携带重金游说，遭到严词拒绝之后，又利用阴谋诡计通过各种途径阻挠工程的深入开展。面对世家豪门的恐吓利诱、步步紧逼，马臻的亲朋好友深感忧虑，担心马臻因此引来杀身之祸，于是多次劝诫，希望他明哲保身，然而马臻不为所动，义无反顾投身建设，竭尽全力解决难题。地方豪族眼见鉴湖修筑成功，不禁恼羞成怒，不惜捏造罪名，以工程浩大、耗费巨大、毁庐坏墓、淹没良田、溺死百姓、民怨沸腾等为由控告马臻，无奈朝廷黑暗腐朽，未加核实就将马臻车裂，真可谓"事修而

马臻墓

水利千秋 廉润初心
——浙江治水历史人物廉洁故事

谤兴，德高而毁来"，治水功臣马臻就这样惨死，酿成无法挽回的千古冤案。马臻被处以极刑之后，百姓满怀悲愤，历尽艰辛将马臻遗骸运回会稽，安葬在鉴湖之畔，建庙立像，洒扫祭奠，以示怀念。唐代重修马臻墓，建马太守庙，韦瓘撰写《修汉太守马君庙记》。宋嘉祐四年封马臻为利济王，绍兴元年进封昭祐公，景祐中封宁夏侯，淳熙庆元间封英济侯。马臻的丰功伟绩永远在百姓心中。

如今，马臻墓依然屹立在青山翠柏之间，拜谒祭奠之人络绎不绝，正如马太守庙楹联所写："作牧会稽，八百里堰曲阶深，永固鉴湖保障；奠灵窀穸，十万家春祈秋报，长留汉代衣冠。"马臻不为权贵所迫，不为名利所拘，不为金钱所动，不计个人得失，一心为民、两袖清风的廉吏精神跨越时空，照耀未来。民心不可欺，真相不可掩，岁月抹不去巨人的光芒，时光挡不住后人的爱戴，马臻的碧血丹心，将永远荡漾在鉴湖的绿水清波之中。

参考文献

[1] 越言 . 城市密码 [M]. 杭州：西泠印社，2016.

[2] 杨建新 . 浙江文化地图 [M]. 杭州：浙江摄影出版社，2011.

[3] 河海大学《水利大辞典》编辑修订委员会 . 水利大辞典 [M]. 上海：上海辞书出版社，2015.

[4] 严恺 . 水利词典 [M]. 上海：上海辞书出版社，1994.

[5] 杨展览，李希圣，黄伟雄 . 地理学大辞典 [M]. 合肥：安徽人民出版社，1992.

[6] 郑天挺，谭其骧 . 中国历史大辞典 [M]. 上海：上海辞书出版社，2010.

[7] 何信恩 . 清正如镜照古今 [M]. 宁波：宁波出版社，2014.

治水惠民 泽垂永世
——陈浑

陈浑（约140年—？），字子厚，杭州桐庐人，富阳侯陈硕之子，封余杭侯，东汉熹平元年（172年）出任余杭县令，去世后安葬于山清水秀的西湖龙井村十里琅玡山上。陈浑体察民情，治理水患，为政惠民。县人称陈浑之功为"百世不易，泽垂永远"。百姓感念其德，在南湖塘上建陈明府祠（俗称天曹庙）以祀。五代长兴四年（933年），吴越国国王钱元瓘追封余杭县令陈浑为太平灵卫王，又建太平灵卫王庙祭祀。《西溪怀古诗》卷上《天曹庙怀陈浑》记载："汉熹平中，令兹邑筑南溪塘三十里，号曰南湖，民怀其德，立庙湖上。唐长庆中，封太平灵卫王，俗所祀天曹神是也。"明代成化年间，余杭人曾在南湖塘上建三贤祠（惠泽祠），三贤便是兴修水利、惠泽于民的三位余杭县令——东汉陈浑、唐代归珧、北宋杨时。明代进士邹干《惠泽祠碑记》评价："三贤之生，虽有先后远近不同，然为政泽民，有功于水利，则同一心也，茗之民至今赖之。"表达了对三位先贤惠及余杭、泽被后世的感怀与恭仰。

水利事关民生，余杭设县两千余年来，主政者为政之首便是兴水利、治水患，丝毫不敢懈怠。东苕溪位于杭州西北，杭嘉湖上游，处于浙西山区与杭嘉湖平原的过渡地带。东苕溪集天目万山之水，流域又多暴雨，山高坡陡，滩多流急，奔涌直下，

水利千秋 廉润初心——浙江治水历史人物廉洁故事

欽定四庫全書

咸淳臨安志　卷五十一　八一

餘杭縣

歷代

陳渾　東漢熹平間為令嘗徙置縣治篆南湖塘鑒石門以禦水患百姓為之立祠令太平靈衛王是也

范甯　字武子解褐為餘杭令六年在縣興學校風化盛行

徐赤符　書見宋

顧颺　與郭文同時

樂炎　齋人

劉道錫　宋元嘉十三年

何敬犾　齋人

沈憲　齋人以治最表上

丁遵　識

《咸淳临安志》书影

下游余杭境内地势平缓而河道狭仄，每遇汛期便泄水不畅，经常泛滥成灾，湮没田庐，导致"野不可耕，邑不可居。横流大肆，为旁郡害"，民不堪其扰。县令陈浑在一场水灾后走马上任，看到这个昔日的鱼米之乡满目疮痍，体察民情、心系民生的他便暗下决心根治水患。东汉熹平二年 (173 年)，陈浑为探究水患成因，多次翻山越岭查勘周边地情、水情，相形度势，因地制宜，发动十万民众于县城西南围湖筑塘，分杀苕溪水势，使两岸百姓免受洪涝之害。城内城外的余杭民众闻听要围湖筑堤，欢欣鼓舞，奔走呼告，各家男女老少积极响应，纷纷自带劳动工具挖土筑堤、凿石垒堰，争先恐后参与到围塘筑堤中来。不久，一道长堤便横亘而生。这道蓄水长堤所围聚之湖，因居余杭城南，故称南湖。湖分上下，沿溪为上南湖，塘高一丈五尺，周围三十二里；依山者为下湖，塘高一丈四尺，环山十四里，湖面六千余亩。在湖西北凿石门涵，可导引苕溪水入湖，这样大水时南湖可以起到蓄滞洪区的作用；在湖东南角修建五亩塍、滚水坝等用以泄水，使水流徐缓而出，这样下游不至于大水漫灌。又沿南苕溪增设水闸堰坝数十处，遇旱涝时可蓄可泄。而且南湖的功能不仅仅是分洪，兼有灌溉之利，周围千顷良田从中受益。至今东苕溪流域南部（自杭州至嘉兴一带）仍受其利。《舆地志》记载："东汉熹平二年，县令陈浑修堤防，开湖灌溉县境公私田一千余顷，所利七千余户。"1991年，日本东京大学斯波义信教授曾专门考察了南湖滚水坝，对中国古人构筑滚水坝泄洪的智慧与创举赞叹不已。

陈浑在任内，还组织将原位于南苕溪之南的余杭城，北移至山前地势高亢之地，这样苕溪水患便对余杭城影响甚小。迁址之后，余杭新城"背观国山列嶂，面临苕溪，环抱如珙"，背靠群山，面临苕溪，形成"后有靠，前有照"的风水格局，为城池的发展建设提供更有利、更安全的地理环境。此外，他还组织民众修建城门，挑挖护城河，使余杭城不再受水患威胁。其后的历史时期，虽有再迁余杭城之举，但很快又迁回陈浑所选旧址。陈浑还在苕溪之上修建通济桥，便利两岸民众往来。在百姓心中，他"治水利、迁城墉"，居功至伟。

陈浑在东苕溪南岸筑塘以后，历代曾相继修筑堤塘，最终筑成苕溪的右岸大堤——西险大塘。西险大塘可对东苕溪进行有效的行洪、分洪、防洪，使下游杭嘉湖地区免受苕溪洪水的侵袭。有了陈浑始筑的西险大塘这道坚固屏障，杭州城才从泛滥成灾的洪水漫漶中解脱出来，慢慢变得宜居起来，农业逐渐发展，人口逐渐稠密，最终形成了杭州这座城市。所以说，没有西险大塘就没有杭州，西险大塘是杭州的第一条生命防护线。东汉余杭县令陈浑也可以说是杭州城市发展的第一大功臣。而且陈浑组织修筑的南湖工程及西险大塘，把苕溪水向北引向瓶窑、德清注入太湖，使得西溪湿地从古河道、河漫滩变成了湿地地貌，为西溪湿地成为风景秀美的国家5A级景区奠定基础。

陈浑在余杭县令任上，以科学家的过人智慧和政治家的宏大魄力，完成了泽被后世的东苕溪水利工程。明代官员金学曾《南湖告成记》评价南湖工程："天目诸山之水进注苕溪，分注石门港，由石门港逶迤而入，汪汪淼淼，汇成巨浸，是为南

湖，其下流杭嘉湖三郡受之。盖若居停然潴积有区，用以缓其澎湃之势，不致冲溃难御而叹。旱时引溉沟塍三郡，咸被其泽。数百年来称东南一大利薮矣！"600多年后的唐宝历年间，归珧出任余杭县令，时南湖年久失修，堰塞严重，归珧循陈浑所建旧迹，不但重新修浚了不断淤塞的南湖，还在东苕溪及其支流北苕溪、中苕溪之间的三角地带，辟成一个北湖滞洪区，周六十里，面积约 3 倍于南湖。这样，就形成了汛期先启用北湖、不敷再启用南湖的滞洪格局，缓解了余杭县治和西险大塘的汛期压力。北宋杨时为余杭县令时，竭力阻止权臣蔡京欲蓄水增胜葬母于南湖之侧，使南湖蓄洪功能免受侵害。如今，始于陈浑并经历代修建的东苕溪工程这一"江南都江堰"，正在继续发挥防洪功效，展示时代赋予的新的辉煌。

治水惠民 泽垂永世——陈浑

参考文献

[1] 张吉安，主修 . 朱文藻，纂 . 崔应榴，董作栋，续纂 . 余杭县志 [M]. 台北：成文
出版社有限公司，1970.

[2] 《余杭县水利志》编辑组 . 余杭县水利 [M]. 北京：中华书局，1987.

[3] 魏嵩山 . 太湖流域开发探源 [M]. 南昌：江西教育出版社，1993.

[4] 《杭州市水利志》编纂委员会 . 杭州市水利志 [M]. 北京：中华书局，2009.

[5] 王露，王国平 . 西溪专题史研究 [M]. 杭州：杭州出版社，2018.

一钱清风 廉吏楷模
——刘宠

刘宠 (?—197 年)，字祖荣，祖籍东莱牟平 (今山东烟台)，齐悼惠王之后。父亲刘丕，精通儒学，明智练达，家风优良。刘宠自幼追随父亲读书习业，博学多闻，正直和善，成年之后因才华出众被举荐为孝廉，由此踏入仕途，历任东平陵令、豫章太守、会稽太守、将作大匠、宗正、大鸿胪、司空、司徒、太尉等职，建宁二年归乡病卒。刘宠为人忠厚孝悌，为官仁惠朴素，深受百姓爱戴，实乃东汉贤臣、廉吏典范。

刘宠志向高远，一生之中数次官居要职，始终能够清廉自守。担任东平陵令期间，爱民如子，是时社会奢靡成风，刘宠身体力行，倡导节俭，推行礼乐，教化民众，经过整治，当地面貌焕然一新。数年之后，因母亲病重，刘宠弃官归家，送别的百姓前呼后拥，"攀舆拒轮，充塞道路"，车子根本无法前行，刘宠只得身着便服，悄然离开。

刘宠随后出任会稽太守，会稽地处山区，秀水环绕，景色绝佳，民风淳朴。但是由于前任太守横征暴敛，借机敲诈勒索，疯狂搜刮民脂民膏，百姓苦不堪言。刘宠到后，立即深入乡间，走访百姓，了解当地情况，努力发展生产，提高生活水平。由于会稽地区河道密布，湖泊众多，自古水患频仍，因此治水安民是重中之重。刘

刘宠

宠发动民众，因地制宜兴修水利，提高抵抗自然灾害的能力，同时发展农桑，稳定农业生产，增加经济收入。针对此前官吏骚扰百姓的行为，刘宠精简政务，严明律法，约束官吏的非法行为，废除繁琐的规章制度。经过全面改革，会稽地区秩序井然，百姓安居乐业。

后来刘宠调任将作大匠，即将离任，会稽百姓依依不舍，扶老携幼送行，其中有五六位白发苍苍的老者特意从若耶山中赶来，每人准备百钱送给刘宠以示感激之情。刘宠见到风尘仆仆的老者，心中感慨万分，安慰老者道："我只是做了分内之事，各位父老何必如此？"老者答道："您太过谦虚了，事实并非如此，我们本来住在山中，深居简出，从没见过太守。但是我们依然能够深深感受到您和其他官吏的区别。别人做太守的时候，日夜派人搜求财物，连深山老林也不放过，整个村庄鸡飞狗跳，不得安宁。自从您到任以来，我们再也没有见过官吏骚扰村庄，再也没有在深夜听到狗叫，终于能够安心做事，生活蒸蒸日上，老迈之年却能遇到如此盛世，真是幸运。现在听说您要离开，特意从山中赶来送别，准备百钱聊表心意。"刘宠被淳朴敦厚的百姓感动，说道："我哪有父老乡亲说的那样好，辛苦各位长途跋涉前来相送！"面对老百姓的盛情，刘宠难以推辞，于是在每个人的钱中拿取一枚作为纪念，因此被尊称为"一钱太守"。行船途中，刘宠投钱入江，用以谢乡亲明己志，相传江水为之清澈。后人为纪念这位两袖清风的官吏，将这条江命名为"钱清江"，并建造"清水亭"弘扬廉洁精神。

绍兴清水亭碑

　　刘宠为官多年，不论官阶高低，不论任所远近，始终保持清廉本色，始终心系百姓，以民为本，所到之处皆能兴利除弊，振兴一方，政绩卓著。刘宠曾任豫章太守、会稽太守，二任将作大匠，二任宗正，一任大鸿胪，又代黄瓒为司空，复代王畅为司空，又频迁司徒、太尉。正如史籍所载，"前后历二郡，八居九列，四登三事"，可谓位高权重，仕途通达。但是刘宠能做到"家不藏贿，无重宝器"，过着"恒菲饮食，薄衣服，弊车羸马"的简朴生活，对于功名利禄毫不在意，遇到贫困民众，总是施舍财物帮助大家渡过难关，却不肯留下姓名。遇到逢迎之徒，也能视而不见，独善其身。刘宠往来京师途中想在亭舍短暂休息，亭吏见后，立即上前阻止，说道："我们早已整顿屋舍，洒扫庭院，专程等您到来。亭舍太过简陋，还请您移步到屋内休息。"刘宠听后并未答话，一言不发转身离开。刘宠淡定拒绝铺张浪费，拒绝特殊接待的高风亮节令时人极其敬佩，一致认为刘宠极有长者风范。千年之后乾隆皇帝南巡路过钱清，有感于刘宠的清正廉洁，欣然题诗一首赞道："循吏当年齐国刘，大钱留一话千秋。而今若问亲民者，定道一钱不敢留。"对一钱千秋的故事给予高度评价，而刘宠作为清官廉吏的典型永远闪耀在百姓心中。

青山隐隐，绿水悠悠。如今掩映在一片树荫翠色中的刘宠纪念馆，矗立在钱清江畔的清水亭石碑，镌刻在一钱亭上的"功在一方，黎民感恩赠百吊；利归百姓，太守留念取一钱"楹联，都在向世人诉说刘宠的功绩。作为深受儒家影响的传统官吏，刘宠终身都在践行"苟非吾之所有，虽一毫而莫取"的人生信条，粗茶淡饭，轻车简从，坦然面对诱惑，甚至威胁。刘宠主政会稽期间所得"一钱"，实为民心。正如监察御史杨维乔所言："居官莫道一钱轻，尽是苍生血做成。向使特来抛海底，

一钱千秋

莒波赢得有清名。"刘宠收下一钱,是对山阴乡民真心的肯定,投江一钱,是对自己原则的坚持,是在进退两难之下的明智之举,最终成为千古美谈。

对于会稽,刘宠堪称功臣,他兴修水利,防涝抗旱,打击贪官,保境安民,以一己之力彰显良吏风采,既是对水利精神的引领又是对廉洁品质的弘扬。时至今日,"一钱太守"已然成为城市名片,那些在越剧、影视剧中演绎着的动人故事,那些在钱清河畔观摩学习的游客,都在以自己的方式表达对刘宠的钦慕与怀念。

参考文献

[1] （南朝）范晔,撰.李贤,等注.后汉书[M].北京:中华书局,1965.

[2] 林岩.中国古代廉政文化集萃[M].北京:中国方正出版社,2014.

[3] 李洪波,译注.循吏——彪炳史册的古代地方官[M].北京:党建读物出版社,2016.

[4] 左言东,选注.中国古代圣贤人学精品选[M].北京:知识产权出版社,2015.

[5] 曹云中.古史清廉曲[M].郑州:文心出版社,2019.

[6] 张壮年,高乐雅.中国人绰号故事[M].济南:齐鲁书社,2020。

[7] 高滨,杜威.中华传统文化主题故事读本[M].杭州:浙江古籍出版社,2018.

[8] 魏孔俊,张鉴,李实.中国古代清官史话[M].兰州:敦煌文艺出版社,2018.

贯通运河 砥节守公——贺循

贺循（260—319 年），字彦先，会稽山阴（今浙江绍兴）人，精通经史，擅长诗文，东晋著名学者，江南士族领袖。先祖庆普，博闻多识；高祖庆纯，德高望重，官至侍中，因避汉安帝之父刘庆名讳，改贺为姓。曾祖贺齐，吴国名将；祖贺景，灭贼校尉。父贺邵，字兴伯，曾任中书令，因为正言直谏被吴帝孙皓残忍杀害，家属迁徙边郡。贺循年少之时蒙受家难，流放海隅，晋灭吴后方才回归山阴故地。贺循自幼博览群书，好学不倦，言行举止遵循礼仪，庄重严肃，品行高洁，与薛兼、纪瞻、闵鸿、顾荣齐名，号称"江东五俊"。贺循出身礼学世家，熟悉礼仪制度，理解深刻周全，朝廷遇到疑难问题都向他请教，贺循对答如流，见解独到，争议双方均能心悦诚服。因此学者追捧，世人敬仰，尊贺循为"当世儒宗"。贺循著有《丧服谱》一卷、《丧服要记》十卷、《会稽记》一卷及《文集》十八卷。

开凿运河 泽被千秋

贺循才华横溢，洁身自好，得到刺史嵇喜赏识，举为秀才，授官阳羡县令。贺循始终以宽厚仁慈为本，切实关注民生疾苦，不以考核优劣为意。在担任武康县令

贺循

期间，由于当地流行厚葬，丧礼仪式隆重繁冗，需要耗费大量财力、物力、人力，再加各种约束禁忌，甚至出现为了回避年月停办丧事不肯埋葬逝者的情形，贺循立即令行禁止，开始大力推行德治教化，力求改变民间陋习，移风易俗，境内大治。周边地区纷纷仿效，效果显著，良好的社会风气得以慢慢形成。

永嘉年间 (307—313 年)，贺循出任会稽内史。两晋之交由于北方战乱不断，中原人民越淮渡江涌向江南，辖内人口激增，粮食需求飙升。贺循深知农田水利与百姓生活紧密相关，考虑到排水灌溉，他亲自规划，主持开凿功在当世、泽被千秋的西兴运河。由此，有着"千古名河，好运天下"之称的浙东运河基本成形。

贺循世居山阴，熟悉故乡山川地理状况，自东汉郡守马臻修筑鉴湖以来，拦截会稽山地 36 源之水，堤上设置 69 处水门 (闸、斗门、堰、阴沟) 蓄泄，山会平原开始形成，并持续发展成为富庶繁华的鱼米之乡，农业水旱无虞，人民安居乐业，生活水平逐步提高，水上运输日渐发达。略有缺憾的是山会平原水道多为南北流向，东西未能贯通。延及晋朝，随着江南经济日趋发达，政治地位日益重要，贺循决定疏凿一条东西走向的水道，改善水利环境，提高交通运输能力，促进贸易发展。永嘉元年（307年），贺循组织民力疏凿浙东地区最长、最早的人工运河。该运河起于西兴，蜿蜒向东流经萧山城北、城厢、裘江、城东、新街、螺山、衙前等8个乡镇，然后折南进入绍兴，经钱清街道、柯桥街道、东浦街道、灵芝街道至迎恩门，最后直达上虞曹娥江，全长78.5公里。运河连接沟通钱塘江与曹娥江，其中山阴段25公里，永兴段21公里。运河以绍兴为中心，向西直到钱塘江渡口，称"西兴运河"，向东到曹娥江边，称"山阴古水道"，两段相加合称"萧曹运河"。过曹娥江继续向东即为复线，南线称"通明江"，北线旧称"马渚横河"。宁绍平原南高北低，自然河流一律由南向北流动，故人工开凿的东西走向河流称为"横河"。至此，山会平原水道全部贯通，水利条件得到极大改善，一跃成为浙东水上运输的主要干线。

贺循主持疏凿运河，有两件要事。

首先是解决灌溉排涝等农业问题。西兴运河初名漕渠，萧山段几乎与钱塘江平行，绍兴段又与鉴湖水系平行，如此不仅能够有效调节山会平原的水位，保证农田灌溉，而且可以进一步改善水文环境，提高鉴湖的排灌效率，对于改善萧绍平原的水利条件以至整个自然面貌均起到巨大作用。此后萧绍百姓以运河为干渠，横向开掘河道，彼此之间形成纵横交错的稠密水网。渔浦湖、西城湖、鉴湖水，通过这条干渠流遍整个萧绍平原，最终促使泥泞沼泽地带垦殖转化成为万顷良田。西兴运河在给百姓以灌溉、舟楫、养殖、渔业之利的同时，彻底改变了江南地区的经济发展走向。

其次是解决交通运输等社会问题。西兴运河是我国古代浙东交通大动脉之枢纽工程，堪称黄金水道。随着时间的推移，特别是浙东经济发展后，西兴运河为物流、军事、贸易提供便利，对全区的经济发展起着无法估量的积极作用。随后西兴运河又东连曹娥江，并越过曹娥江与上虞江、姚江、甬江等连通，直达宁波，史称浙东运河，该河是横贯浙北的一条重要主干水道。由于钱塘江河口滩多水浅，日常江流变化无常，航行十分困难。贺循主持开凿运河期间，曾经多次亲自前往白马湖视察民情，察看水势，指导民众挖河、架桥、筑堤、垦种。当运河开凿至西兴铁岭关时，贺循又令从现资福桥附近挖掘河道通往白马湖，同时挖掘白马湖到闻堰潭头的河道，为船只、人员在西兴与闻堰之间自由往来提供条件，促进白马湖地区与外界的沟通交流。周边乡村因此获得长足发展，运河两岸沃野青山，芳草遍地，运河之上拱桥叠架，桨声烛影，旖旎柔美的水乡风光令人沉醉。延及隋朝，京杭运河贯通，浙东运河又与钱塘江、长江、淮河、海河相连，经浙东运河可直上京津，抵达全国各地，水路运输能力得到巨大提升。西兴运河更是众多名彦硕儒和文人雅士指点江山、激扬文字的起始航段，诗仙李白、贺知壮市都曾留下踪迹与名篇，最终成就影响深远的"浙东唐诗之路"。时至今日，清水亭、古纤道、太平桥、融光寺等众多历史遗

闻堰码头

迹依然在为运河增光添彩。

勤政爱民 高风亮节

贺循为官勤政爱民，实为官吏典范，为人清正廉洁，堪称道德楷模，同僚赞叹，百姓爱戴。贺循历任阳羡令、武康令、太子舍人、军谘祭酒、宗正、侍中、太常、太子太傅等职，身居高位，责任重大。贺循处理政务举重若轻，从容淡定，和平时期努力推动文化事业发展，危机时刻能够不费一兵一卒平息叛乱，因此无论在中央还是地方均享有极高声誉，普通民众申诉无门的时候便会求助贺循，比如小市居民反对廷尉张闿侵占民宅，虽然素不相识贺循也会尽力解决。张闿居住在小市，想要扩建庭院改善生活条件，但是苦于空间狭小无法实现，因此霸占左邻右舍的房屋，在公共区域私自修筑大门，早关迟开，妨碍出行。周围居民苦不堪言，多次试图与张闿沟通，均被无理拒绝，愤怒的百姓只得诉讼州府，然而官员不予受理。呼告无门的百姓偶然听说贺循外出路过此地，已经到达破冈，立即转悲为喜，奔走相告，众人联名求见贺循，恳请评判解决。贺循无奈说道："我只是赴任路过，无权过问此事。"百姓见状，纷纷跪地磕头哭诉说道："如果连您都不管，我们就再也没有地方申诉了啊！"贺循左右为难，便允诺道："如果见到张闿，一定替大家询问大门的事情。"谁知还没等到贺循劝说，张闿已经赶忙回家拆毁里门，并且亲自前往贺循居所拜见谢罪，一件小事完美解决，由此可见贺循在官民之中的威望。

贺循生逢乱世，辞官期间遭遇贼人李辰在江夏起兵叛乱，诸位将军全都望风而逃。危难时刻贺循挺身而出，起草檄文，详细陈述叛逆与归顺的利弊。檄文发布后，贼首逃窜，部下投降，叛乱平定，全郡安宁。论功行赏之时，贺循闭门不出，一概不参与赏赐活动。

晋元帝司马睿希望贺循出任军谘祭酒一职，贺循以身体欠佳为由婉拒，无奈朝廷征召不已，贺循只得抱病乘船前往。司马睿亲临船上，询问治国施政方略，并且赏赐贺循宅第一处，以及车、马、床、帐、衣服、被褥等物品，贺循辞让，一无所受。

帝王对贺循的高风亮节感慨不已，下诏褒奖，称赞"贺循冰清玉洁，行为堪做表率，位高权重却能清贫守节，衣着简朴仅能蔽体，房舍破旧仅能遮雨"，并赐给贺循生活用品以及二十万钱。贺循不肯接受，皇帝不许，最后不得已留下，但是并不使用。

贺循病重之际，晋元帝车驾亲临宅邸，握着他的双手泪流满面，太子也多次登门慰问，来去都行拜礼，文人士子都以此为荣。太兴二年贺循病卒，享年六十岁，赠司空，谥号穆。

贺循做官始终以民为本，不论考核，不求晋升，不计得失，开凿运河发展农业，疏通水道助力经济，改变民俗改善生活，乱时发送檄文劝退逆贼，治时不收钱财拒任高官，博闻强识，任劳任怨，是一代儒宗，更是一代廉吏。

———————

参考文献

[1] （唐）房玄龄，等.晋书[M].北京：中华书局，1974.

[2] 姚之若，注译.廉吏传[M].兰州：甘肃人民出版社，2017.

[3] 许菁频.杭州运河名人[M].杭州：杭州出版社，2014.

[4] 邱树森.中国历代人名辞典[M].南昌：江西教育出版社，1989.

[5] 越言.城市密码[M].杭州：西泠印社，2016.

[6] 陈家英，杨立华，等.中华人物传库·两晋南北朝卷[M].北京：华夏出版社，1996.

居高守正不阿 修堰利国利民

——孔愉

孔愉 (268—342 年)，字敬康，会稽山阴 (今浙江绍兴) 人，东晋名士。曾祖孔潜，官至太子少傅，汉末社会动荡，避乱南下定居会稽，家族逐渐发展壮大。祖父孔竺为豫章太守，父亲孔恬为湘东太守，从兄孔侃曾任大司农，祖孙三代学识渊博，德高望重，江左人士交口称赞。孔愉十三岁时不幸成为孤儿，却能尽心尽力照顾祖母生活起居，因为孝顺贤德闻名乡里，与同郡张茂 (字伟康)、丁潭 (字世康) 齐名，时人称为"会稽三康"。

三国吴亡之后，孔愉迁居洛阳，随后返回故乡会稽，隐居新安山中，读书务农，悠然自得。西晋愍帝建兴年间，年逾五十的孔愉应召出仕，累官司徒长史、吴兴太守、御史中丞、侍中、太常、尚书、镇军将军、会稽内史，其间勤政爱民，颇有政绩。孔愉生逢乱世却能顾全大局，身居高位却能守正不阿。咸和八年，为了表彰孔愉的功劳，成帝特赐亲信二十人，孔愉上疏再三推辞，并且劝谏晋成帝说："如今内忧外患，战乱不止，国库空虚，政务繁重，官吏贪求，赋役沉重，百姓困苦，逃散流离。当务之急是合并机构，减少官员，节约开支。"指出大肆赏赐不合时宜，成帝深以为然，

水利千秋 廉润初心——浙江治水历史人物廉洁故事

孔愉归隐的新安山

却招致了权倾朝野的司徒王导的不满与排斥。但是孔愉初心不改，依然以辅国利民为己任，其后因得罪权贵出任会稽内史。其间发现句章（今浙江慈溪附近）县内汉代修建的旧陂历经多年的风蚀雨侵已经全部毁坏，严重影响当地百姓的生产生活，于是孔愉亲赴现场巡视考察，勘测地形，制订计划，召集民众重修故堰。在孔愉的努力之下，百姓热情高涨，工程进展迅速，修葺一新的堰塘能够灌溉田地二百余顷，不仅有效改善了当地自然环境，还为农业发展奠定了坚实基础。至此，句章良田遍野，百姓安居乐业。

孔愉秩满离任之后，就在山阴买田建造草屋数间，布衣蔬食，安度晚年。会稽百姓感念孔愉恩德，"送资数百万"，面对巨额钱财，孔愉坚决拒绝，分文不取。咸康八年孔愉病重，弥留之际嘱咐家人薄葬，穿着平常衣服入殓即可，一概不得收取乡亲邻里赠送的财物用品，终年七十五岁，赠车骑将军，开府仪同三司，谥号为"贞"，充分肯定孔愉的清白守节与刚正不阿。

一代名相房玄龄曾在《晋书》中评价孔愉等乡贤"历试清阶，遂登显要，外宣政绩，内尽谋猷，罄心力以佐时，竭股肱以卫主，并能保全名节，善始令终。而愉高谢百万之赀，辞荣数亩之宅，弘止足之分，有廉让之风者矣"，在全面总结一生经历的基础上高度赞美孔愉位高权重却两袖清风，任劳任怨且不计得失的可贵品质。孔愉在朝能够高瞻远瞩，出谋划策帮助帝王排忧解难；在外能够保境安民，审时度势解决农民实际问题；弃官之后更能洁身自好，淡泊名利；临终反对厚葬，杜绝铺张浪费，真可谓将清廉正直坚守到生命最后一息。

————

参考文献

[1]　（唐）房玄龄，等 . 晋书 [M]. 北京：中华书局，1974.

[2]　吴海林，李延沛 . 中国历史人物辞典 [M]. 哈尔滨：黑龙江人民出版社，1983.

[3]　费枢，撰 . 姚之若，注译 . 中国古代廉吏传 [M]. 兰州：甘肃人民出版社，2014.

[4]　胡守为，杨廷福 . 中国历史大辞典·魏晋南北朝史 [M]. 上海：上海辞书出版社，2000.

开源凿井固城池
内儒外道济天下
——郭璞

郭璞（276—324 年），字景纯，河东郡闻喜县（今山西省闻喜县）人，两晋著名文学家、训诂学家。郭璞为正一道教徒，除家传易学外，他还承袭了道教的术学，是两晋时代最著名的方术士，传说他擅长预卜先知。他好古文、奇字，精天文、历算、卜筮，长于赋，尤以"游仙诗"名重当世。

西晋末年，郭璞为宣城太守殷祐参军，尚书杜预改革朝廷制度，郭璞常常予以辩驳指正，因此以公正端方著称。东晋元帝时，拜著作佐郎，与王隐共撰《晋史》。后为大将军王敦记室参军，以卜筮不吉劝阻王敦谋反而遇害。王敦之乱平定后，追授弘农太守。宋徽宗时追封闻喜伯，元顺帝时加封灵应侯。郭璞擅长诗赋，所作有《游仙传》《江赋》较有名，并著《尔雅注》《尔雅音》《尔雅图》《尔雅图赞》，集尔雅学之大成。今存《尔雅注》三卷，刊入《十三经注疏》，又有《方言注》，另有《山海经注》《穆天子传注》。原有集已佚，今传《郭弘农集》，系明人所辑。

郭璞在《山海经海内南经》关于温州古地名"瓯居海中"条目下注："今临海永宁县，即东瓯，在歧海中。"此注虽短，却记述了自西汉初年建东瓯国，直至东晋太宁元年置永嘉郡前五百多年"瓯"地行政区建置的历史。郭璞客瓯期间，应邀为安固（今瑞安）、横阳（今平阳）、乐成（今乐清）诸县，规划迁移县治、建筑城池。

郭璞

在杭州塘栖镇广济桥南之西石塘，距桥堍 10 米处，有一名为郭璞井的石井。坊间相传，有一年郭璞路过塘栖，恰逢天下大旱，塘栖一带的河流差不多都断流了，就是那条塘河中总算还有点水，但那河水几尽干涸已经浑浊不清，根本无法饮用了。当地的老百姓为了解决饮水问题，四处寻找水源打井，可打来打去打不到丰富的水源。百姓们急得在长桥边烧起香，求菩萨保佑。郭璞看到这场景，不由为之动容，当即决定为当地百姓打一口好井，渡过旱荒。

于是，他亲自出马，经过一番踏勘，选定运河南岸东庑三郎祠庙前的一块空地作为井址，并且自己出资请来民工打了口水井。

他打造的这口水井没用多久便出水了，而且竟然打到了地下水脉，井离塘河不远，更奇的是无论旱涝，井水水位始终高出塘河水位 6 尺，无论河水多么混浊，井水始终清澈甘冽，于是也就有了"井水不犯河水"的说法。井水味醇略带甘味，当地的百姓无一不对郭璞充满感激。依靠这口井，塘栖的百姓渡过了大旱之年。为了不忘郭璞的大恩大德，百姓们便将此井称作"郭璞井"。

清朝，康熙皇帝曾南巡来到塘栖，地方官员用郭璞井的井水来泡茶招待康熙，康熙饮后赞不绝口，称郭璞井是好井好水，更是使得郭璞井声名远扬。到后来，人们便将郭璞井与虎跑泉、龙井、玉泉、吴山泉等五泉并称为"杭州圣水"。

太宁元年 (323 年)，郭璞恰巧客寓于瓯，当地在决定修建永嘉郡城时，请他卜地。清光绪《永嘉县志》有郭璞"尝客瓯，为卜郡城"的记载。明嘉靖《温州府志》记载郭璞当年营城"登西北一峰 (即今郭公山)"观看地形，辨方正位"见数峰错立，状如北斗，华盖山锁斗口"，形势险要，遂建议跨山筑城，郭璞谓："城于山，则寇不入斗，可长保安逸。"又载"因城于山，号斗城，时有白鹿衔花之瑞，又号鹿城"。

温州都城，北据随江，东西两面依山，南临大河。东西之间相距七里，南北相距五里，用砖石筑成。城墙四周路呈长方形，城之南北以江河为护城河，东西则以人力挖掘壕堑为护城河。都城建七处城门，以利城内外交通。东南开瑞安、永宁两水门，汇合西南来水流入城内水网，引向北奉恩水门和西壕河 (即今九山外河)，注入瓯江，三处水门起到吞吐调节作用。城内有五潭，清康熙《温州府志》载："城内五水合乎五行，遇潦不溢，遇旱潴水，旱涝有备，郭璞扦城时俾之贯通相生。"郭璞此举，为古城"一街一河、前街后河、小河小巷"的江南水城绘划了蓝图。在建郡城的同时，在城内各处打井二十有八。清乾隆《温州府志》载："郭璞扦城时闻之，以象二十八宿"，解决了城内生活用水和战备所需。

郭璞为温州郡城的选址、布局是成功的，为古城成为"东瓯名镇""一都巨会"奠定基础。古城留给后人的印象是：濒江临海，依山傍水，地理位置优越，景观异常优美。

郭璞曾说，若筑城于山外，当骤至富盛，然不免兵戈火水之虞；若城绕其颠，寇不入斗，则安逸可以长守。也就是说，如果在山外建城可马上富裕繁盛，但军事防御方面就弱了，城池不够坚固、难免毁于兵火。如果跨山建城，则能占据显要地形，贼寇无法进入斗城内，自然可以安逸长守。

因此与一般建城市的"方正规矩"不同，温州"城于山"，城墙绕山而建，是一座跨山而筑的城市。从晚清时期的温州老照片上，人们还能看到华盖山、松台山上城墙的身影。

郭公山公园

郭公山富览亭

后人为纪念郭璞绘筑郡域蓝图的功绩，称郭璞卜城时登上的山峰为"郭公山"，并在山下立"郭记室祠"祀之，塑白鹿衔花于侧，纪卜城时之瑞，后祠于镇东塔（即镇海门城墙北段的方塔），为纪念白鹿衔花给温州人民带来吉祥，又在海坛山麓建"白鹿庵"，庵内又有一祠祀郭璞，华盖山郭仙寺亦同，三角门外还建有"杏花堂"。

————————

参考文献

[1] 高刚 . 郭璞辞赋与散文研究 [D]. 西安：西北师范大学，2014.

[2] 连镇标 . 郭璞研究 [M]. 上海：上海三联书店，2002.

[3] 唐长孺 . 社会文化史论丛 [M]. 武汉：武汉大学出版社，2001.

[4] 徐复观 . 两汉思想史 [M]. 上海：华东师范大学出版社，2001.

[5] 聂恩彦 . 郭弘农集校注 [M]. 太原：山西人民出版社，1990.

[6] 关永利 . 郭璞诗赋研究综述 [J]. 运城学院学报，2007(04).

[7] 王欣 . 郭璞诗文研究综述 [J]. 焦作师范高等专科学校学报，2019(03).

[8] 甘文泉 . 浅议郭璞的诗意化人生 [J]. 短篇小说（原创版），2015(21).

[9] （梁）萧统，编 .（唐）李善 . 注 . 文选 [M]. 北京：中华书局，1977.

[10]（唐）房玄龄，等 . 晋书 [M]. 北京：中华书局，1974.

功在通济 福荫一方
——詹司马、南司马

詹司马、南司马（生卒年不详），籍贯不详。司马，是中国古代的一种官职，其权力在各个时期有很大差别。南朝梁天监四年（505 年），詹司马建议在松阴溪和大溪汇合的地方，即碧湖平原的西南端（今堰头村）修建一道水坝。后来，朝廷又派南司马与他"共治其事"。詹、南二司马始建拱形木坝，很大程度上解决了周边农田灌溉问题。绍兴八年（1138 年），知县赵学老赐名"通济"，堰名沿用至今。开禧元年（1205 年），龙泉人参知政事何澹"为图久远，不弗修筑"，将木筱改为石坝。詹司马卒，墓葬县西南三十里。百姓建龙庙祀二司马。2001 年 7 月 10 日，通济堰被国务院公布为全国重点文物保护单位。据《通济堰志》载：堰筑于梁天监四年（公元 505 年），由詹、南司马合力始建。围堰之时，山洪频发，溪水暴涨，詹、南司马多次筑坝未成。后经老者指点，受蛇穿行过溪启发，选定松阴溪堰头村与大港头瓯江汇合口上游较近处拦截溪水，采用条木构筑长约 275 米的拱形拦水大坝。

由于拱形大坝能将坝体中心的负荷分移到坝的两端，从而减轻了坝体中心的洪流冲力，洪水暴涨时，恰好又受到瓯江回流的自然回旋作用，减弱了洪水对大坝的

压力，增强了大坝的抗力。因此，坝体坚如磐石，历经千年而不垮。

　　大坝建成后，詹、南司马带领民工开筑进水总闸，主渠道自大坝起，纵贯新合、碧湖、石牛，全长约 22.5 公里。开初只能灌溉沿渠少量农田，而碧湖平原的大部分农田仍灌溉不到堰水。

　　詹、南司马深思苦想，仍找不到好办法。一天，他们见一少年用篾竹引水浇灌蔬菜，从中得到启发，遂决定从主干渠分凿支渠、毛渠，并建水闸进行分流调节。通济堰是中国古代一个规模宏大的水利项目，包括拱坝、通济闸、石函、叶穴、管道、概闸及湖塘。其主干渠全长 22.5 公里，建有 48 条分支渠，321 条毛渠，72 个大型预测闸门，干、支、毛渠水流相通，加之相邻地区配套开凿的大量蓄水湖泊，构筑了以引灌为主、储泄兼顾的竹枝状水利网，形成了一套集引、蓄、排为一体的水利灌溉体系，泽惠了碧湖平原农田 2 万多亩。碧湖平原地形为西南高、东北低、海拔20 多米的平地。通济堰因其自身特点，在无外力的情况下，进行了"自流灌溉"，使得整个碧湖平原的耕地得到有效灌溉。

水利千秋 廉润初心
——浙江治水历史人物廉洁故事

詹、南二司马

通济堰得以建成，首功当属詹司马、南司马。后人为铭记两司马"为官一任、造福一方"的功绩，在通济堰"廊亭"前，建造他们并肩而立的青石雕像。

———————
参考文献

[1] 张桂辉. 通济堰前"二司马"[J]. 清风，2017(12).

[2] 叶世钧，等. 镶嵌在松阴溪上的璀璨明珠——古堰群 [EB/OL].[2022-10-09]. https://mp.weixin.qq.com/s/1BDsxB8UZN-k6AcNcGeQbQ.

[3] 张李杨，蓝俊. 古堰画乡：书写文旅融合新篇章 [EB/OL].[2022-05-21].https:// mp.weixin.qq.com/s/XlMnphvSO_LGoo0xHsFnyg.

爱民如子 献身水利
——杨炯

　　杨炯（650—695年），陕西华阴人，唐初著名文学家，初唐四杰之一。自幼聪慧，十岁应神童试登第，待制弘文馆。杨炯为官时爱民如子，出任盈川县（今衢州市衢江区）第一任知县仅三年便不幸去世。

　　当地百姓感念杨炯恩泽，同时为了祈求四季平安而建杨炯祠。盈川乡民每年农历的六月初一，都会在杨炯祠举行"杨炯出巡"活动。

　　杨炯任盈川知县期间，倾注很多心血在水利基础设施的兴修上。如修九龙塘时，资金不足，他就带头出钱，将自己为他人撰写碑文所得的钱捐献出来，接着发动大小财主出钱，百姓出力，最终九龙塘得以建成。后来，盈川百姓为了世代牢记杨县令的恩情，将九龙塘改名为"杨塘"。

　　695年，盈川遭遇酷暑大旱，庄稼颗粒无收，民多食树皮草根，杨炯忧心如焚。为祷神降雨，他沐浴斋戒，跪求上苍，在烈日下晕厥多次，如是者凡月余。而骄阳依然如火，灾民嗷嗷。杨炯心知无力回天，垂泪道："我无能解民于倒悬，愧对盈川父老！"于是，投身路旁枯井。民众哀号恸哭，如丧考妣。

　　杨炯逝去当天晚上，狂飙四起，喜雨倾盆。千亩良田稻禾复苏，灾民笑逐颜开。而枯井水盈浮杨炯尸，居然面目如生，异香四溢。数十里外乡民扶老携幼接踵而来，

焚香礼拜。是年五谷丰登，六畜兴旺。民享丰岁之乐，沐恩图报，乃塑杨令肉身神像。初建杨公祠，后改城隍庙，香火千年不衰。后人作诗称道："生前为令死为神，废县常留庙貌新。地界衢龙争报赛，千秋遗爱在斯民。"

至今，衢江区有"杨炯出巡"祭祀仪式，已成为非遗项目。每年农历六月初一是"杨炯出巡"的日子，村民们抬着杨炯塑像，到衢江区高家镇和莲花镇一带巡游，一为纪念杨炯，二为祈求丰衣足食、四季平安。

杨炯以身殉职，与他"受禄宁辞死，扬名不顾身"的为官期许不无关系。杨炯认为，百姓的苦难是由官员的不作为、乱作为引起的。上任后，他把"治官"放在了最重要的地位。《杨侯祠碑》写道：杨炯"于吏严酷，容或有之，盖吏多枭獍（一种凶恶的兽），不严则扰民，酷则不敢犯……"杨炯认为，施以重典之后，官吏有所收敛，百姓才能安居乐业。

为官者看穿金钱和权力，并不是一件容易的事情，杨炯却看穿了这一点。他说："以不贪为宝，均珠玉以咳唾；以无事为贵，比斾常于粪土"，将不贪的美德视为无价。宋之问夸奖杨炯："惟子坚刚，气陵秋霜，行不苟合，言不苟忘。""唯子坚刚，秋风凛凛，一言一行，一言九鼎。"

正如杨炯祠戏台上的对联所写"贪官污吏台前那个不憎嫌，孝子忠臣世上是人都爱敬"。置身于非农耕时代，当地传承祭祀杨炯，除了朴素的渴望消灾去难、风调雨顺、五谷丰登的心愿外，还寄托了百姓追思清官好官，启迪教育后人，期盼吏治风清气正的理想。

参考文献

[1] 刘威，邵秀清，段涵 . 全力谱写"活力高家 中心强镇"新篇章 [N]. 衢州日报，
   2022-04-27.

[2] 卢劲 . 初唐四杰 [J]. 文史天地，2021(11).

[3] 蒋寅 . 说杨炯《从军行》[J]. 语文月刊，2019(04).

一湖功成利万民
十分耿直树清风
——陆南金

陆南金（生卒年不详），字季孙，苏州吴县（今江苏苏州）人，任太常奉礼郎。唐天宝三年（744年），鄞县县令陆南金曾主持开拓宁波四大水利工程之一——东钱湖。东钱湖又称钱湖、万金湖，属于浙江省著名的风景名胜区，四面环山，山水环抱，有七十二峰荟萃，七十二溪奔流，依山势蜿蜒汇聚成湖。湖的东南背依青山，湖的西北紧依平原，是远古时期地质运动形成的天然潟湖，更是浙江省最大的（天然）淡水湖。东钱湖被郭沫若先生誉为"西湖风光，太湖气魄"。东钱湖作为鄞县东乡重要的水利工程，历代的地方主政者都十分重视该工程，组织人力财力物力进行疏浚和治理。最终，东钱湖在历代的接续治理下成为可以综合利用的水域。

唐诏天宝年间，陆南金出任鄞县县令，于天宝三年（公元744年）相度地势开而广之，将湖西北部几个山间缺口，筑堤连接，形成了人工湖泊。据李墩《修东钱湖议》记载，当时共废田121213亩（《甬上水利志》称，废田21213亩），筑八塘四堰，蓄水三河半，灌七乡十余万顷之田，废去湖田的赋税分摊给受益田亩，每亩加0.376米。陆南金将其扩之，不仅解决了废田的问题，也使得鄞、奉、镇三县老界、阳堂、翔凤、手界、丰乐、鄞塘、崇邱七乡之田50余万亩得以灌溉。

在东钱湖边的上塔山庙石柱上曾出现过一副对联："有功于民，三县七乡蒙惠泽；

水利千秋
廉润初心
——浙江治水历史人物廉洁故事

东钱湖

欲报之德，千秋万祀肃明禋。""三县七乡"的说法亦是从陆南金开拓东钱湖开始的。《湖志》上说："东钱湖在鄞县东三十里，周围八十里，因其湖承钱棣之水，故号'钱湖'。"由于湖在县治之东，所以又叫"东钱湖"。又因"东钱湖汇合七十二溪之流，渟蓄甚宏，而注溉三县七乡之田"，"其利赖甚溥"更被称作"万金湖"。

历史上，在晋代就有文字记载东钱湖，晋人陆士龙在《答车茂安书》中就有"鄞治东临大海，西有大湖……"。到了唐朝天宝三年，县令陆南金将湖开广之，受益之田有三县七乡。三县是：鄞县、奉化和镇海。七乡为：鄞县的老界乡、阳堂乡、翔凤乡、手界乡、丰乐乡、鄞塘乡、崇邱乡。其中崇邱乡是属于镇海的。鄞县的鄞塘乡水系中还包括白杜等地方，而白杜是属于奉化的，因此就叫"三县七乡"。

南宋嘉定年间，朝廷赐庙额，加封平佑侯。这些都是对陆南金廉洁治水的肯定。后来，人们感念陆南金对百姓的恩德，特立祠堂于湖旁。只可惜该祠堂永远地留在了历史的长流中，如今已经看不到了。

东钱湖上塔山庙

　　宋淳熙三年，宋孝宗赵昚在委任魏王赵恺判明州的诏书中说："……鄞之乡东西凡十四，而钱湖之水实溉其东之七……"也就是说有半个鄞县之田皆受东钱湖水的灌溉。在东钱湖的全盛时期，凡遇干旱，开闸放水，如将流经的三县七乡所有河道放满，一湖之水可放满三次还有余。所以，"虽亢阳赤地，而苗不患槁，称为沃野"。东钱湖实为周围广大百姓生存的屏障，不但造福鄞东，还将清澈的湖水送到了镇海和奉化。

　　东钱湖镇所在地的老地名叫莫枝，得名于莫枝堰，即东钱湖和鄞东中塘河之间的一道堰坝。但这个名字并不常见，令人十分不解。关于"莫枝"，当地流传着一个故事。相传王安石在治理东钱湖时筑有一堰。老百姓请求县令赐名。当时正好是黄昏时分，所谓暮至，王安石于是赐名"莫枝"。"莫"古文通"暮"，"至"用"枝"代替，雅一点。清代诗人李杲堂儿子李暾《修东钱湖议》中写有"四堰之一者，叫木楮堰"，后又在《钱志》中写有"莫枝堰，在翔凤乡十六都三图，一作木楮堰"。

水利千秋 廉润初心——浙江治水历史人物廉洁故事

可以推测莫枝即从木楮的谐音而来。宋代后，都写作"莫枝堰"了。

此外，陆南金做人也十分耿直。开元初年，他任太常奉礼郎时，少卿庐崇道被治罪迁徙到岭南，后逃回东都。陆南金当时正为母守丧，庐崇道假装成吊唁的宾客，进屋说明情况，陆南金把他藏了起来。不久此事被仇人告发，诏令侍御史王旭捉捕审讯，陆南金应该被处以重罚。然而，其弟陆赵璧却到王旭那里自首说："藏起庐崇道的人是我，请把我处死。"陆南金坚持说弟弟自诬不合实情。王旭觉得很奇怪便追问以探明究竟，陆赵璧说："母亲还未埋葬，妹妹没有出嫁，哥哥能办这些事，我活着没有用，不如去死。"王旭很惊奇，上奏此事，唐玄宗李隆基把他们都赦免了。

陆南金作为东钱湖的缔造者，没有现如今的先进技术，却能够在当时将东钱湖修筑成历史上赫赫有名的大湖，使得东钱湖从沧海桑田到如今的这个有着"西子风韵、太湖气魄"美誉的湖泊，使其焕发出勃勃生机，其水利功能、生态环境也得到

莫枝堰

了极大的提升。岁月抹掉了祠庙，却抹不掉他的辉煌。陆南金缔造的不仅仅是一个湖，更是铸造了钱湖文化——五口通商的"商文化"，千僧过堂的"佛文化"，官政勤廉、风气清新的"官文化"。

———

参考文献

[1] 林依臻颖，孙羽辰.担当、亮剑、实干、创新、尚法——看东钱湖治水之道 [J].宁波通讯，2014(21).

[2] 张选岐，江波.东钱湖疏浚吹填试验段湖泊底泥固结处理试验研究 [J].人民珠江，2007(04).

[3] 高树林，陶绪.元代差役与民户差役负担 [J].湖南科技大学学报 (社会科学版)，1989(05).

[4] 高新区"五水共治"办公室.以"高新区速度"全面推进"五水共治"[J].宁波通讯，2015(01).

[5] 牛静岩.中国乡村争水问题研究的三种视角 [J].社会科学家，2013(02).

[6] 王焕炎.水利·国家·农村——以水利社会史为视角加强对传统社会国家社会关系的研究 [J].甘肃行政学院学报，2008(06).

[7] 江波.采用低位真空预压技术在东钱湖加固淤泥基础的实践 [J].吉林水利，2007(10).

[8] 钱杭，史林.论湘湖水利集团的秩序规则 [J].史林，2007(06).

[9] 宗发旺.水利与地域社会 [D].宁波：宁波大学，2011.

[10] 钱杭.库域型水利社会研究 [M].上海：上海人民出版社，2009.

西湖六井定安澜
为民情怀传万代
——李泌

　　李泌（722—789年）字长源，祖籍辽东郡襄平县（今辽宁辽阳），生于京兆府（今陕西西安），唐朝中期著名政治家、学者。李泌宦海沉浮50余年，历事唐玄宗、唐肃宗、唐代宗、唐德宗前后四朝，安史之乱时制策平叛，立下过抚危定乱、匡扶社稷之功。唐德宗时入朝拜相，参预内政、外交、军事、财政等方面的筹划，对内勤修军政、调和将相，对外联结回纥、大食等国遏制吐蕃，达成"贞元之盟"，使边陲安定，在相当程度上保证了贞元时期唐帝国的稳定。贞元五年（789年），李泌病逝，享年六十八岁。获赠太子太傅。李泌虽权愈宰相，但一生崇尚老庄的自然无为之道，视功名权贵如敝屣，所以数度坚辞高官厚禄，长期遁隐修道于山野，远离纷争的朝堂和权力的中心，有汉代张良的高风亮节。正如南宋学者徐钧所咏："衣白山人再造唐，谋家议国虑深长。功成拂袖还归去，高节依稀汉子房。"

　　唐朝中期政局激荡，忠君为国的李泌多次受到奸佞之臣的猜忌、排挤和谗害。宝应元年（762年），唐肃宗李亨驾崩，唐代宗李豫即位。唐代宗十分欣赏李泌的才学，一度请他出山入朝，然而朝中宰相元载、常衮先后猜忌李泌，把他排挤出朝堂，让他到地方任职。李泌虽被外放任官，但他所任之处均建立有惠民的政绩，尤其以在杭州任上修建六井的治水功绩最为著名。《新唐书》记载李泌"徙杭州刺史，皆

李泌引水装置和六井标志

有风绩"。唐时杭州临江近海，水泉咸苦，民生凋敝，至李泌在任时，"始引西湖水作六井，民足于水，故井邑日富"。六井的修建解决了困扰杭州百姓的饮水问题和居住条件，为杭州城向西湖以东广大平原的发展提供了水源保障。空间里的杭州，也开始了从山中小城到湖畔大城的演变。

唐德宗建中二年 (781 年)，耳顺之年的李泌，虽被排挤外放，但还是义无反顾地担负起为官一方则造福一方的责任。李泌到任杭州刺史后，发现一个十分奇怪的现象，居民都不愿意住在城里，而是临湖靠山而居。李泌实地调查发现，主要是因为城里缺乏可饮用的淡水，因为杭州城地处滨海平原，西湖东面城区临江近海，受海浸的影响，古时地下水尚未完全淡化，多为咸水或微咸水，无法直接饮用，老百姓只能在山上寻找水源，生活极其不便。李泌心系百姓，解决百姓的饮水问题便成为摆在他面前的首要问题。他发现，西湖西面临山傍湖的居民，多以清淡可口的山泉和西湖水作为饮用水，于是就萌发了引西湖水入城的想法。

同年 9 月，李泌开始组织掘地沟砌石槽，石槽内安空心竹管，引西湖水至城区。历时二年有余，终于在当时人口相对稠密的涌金门一带，开凿了六口井（蓄水池）。这六口井分别是相国井、西井、方井、金牛井、白龟井和小方井。李泌所开六井与普通水井不同，由入水口、地下沟管、出水口三部分组成。李泌在西湖东面涌金门至钱塘门一带，挖了入水口，并在口子上设水闸方便启闭。再在湖东城内，分别挖了六个出水口，因出口像井，故以井命名。在入水口和出水口之间掘地为沟，在深沟周围砌上石槽，槽内铺设空心竹管。通过这种暗渠引水入井，把淡水从西湖引入城内居民点。自此，城内的百姓便可以喝上干净甘甜的西湖水了。

李泌是第一个将西湖水引入城区内、用作居民饮用水的杭州地方官员。他所创制的暗渠引水、六井供水，是杭州最早的给水系统工程，解决了城中百姓的饮水问题，也为杭州城人口繁衍生息奠定了基础，从而开启了杭州城繁盛千年的序章。白居易的《钱塘湖石记》中是这样记录的："其郭中六井，李泌相公典郡日所作，甚利于人。"

李泌开凿六井，也开启了西湖之水养民的时代。自李泌以降迄及两宋，凡主政杭州的贤吏良臣，莫不致力于导湖浚井。先后又有白居易、钱镠、陈襄、苏轼等历朝历代杭州主政者多次修复疏通六井，不断为其注入活力。李泌任后 200 多年，文化巨匠苏轼来到杭州刺史任上，继续接力修复六井。苏轼对李泌筑六井的意义做出了更为详细的解释。他在奏报皇帝的《乞开杭州西湖状》中写道："杭之为州，本江海故地，水泉咸苦，居民零落。自唐李泌始引湖水作六井，然后民足于水，井邑日富，百万生聚待此而后食。"

随着杭城地下水水质变好，城中百姓逐渐不再依赖这六口水井。岁月匆匆千余载，李泌当年开凿的六井，如今仅剩下解放路西段井亭桥边的一口相国井（李泌后任宰相，杭人为示纪念，取名相国井），迎来送往中见证着杭州的城市发展变迁，而其余几口古井都在漫长的城市变迁中湮没于历史风云中。吃水不忘挖井人，时至今日，透过依稀尚存的相国井遗迹，依旧能让我们触摸到李泌曾经的惠民风采。地下的古井水咕咕低语，似在向行人介绍它的建造者及其不凡的功绩。为了纪念当年李泌为杭州百姓引入西湖水、让百姓喝上健康水的巨大贡献，湖滨二公园景区内，建有一个叫"李泌饮水"的遗迹景点，特别设置了引西湖水入水口饮水装置和六口出水口水井的模型，供往来游人们参观留念。千年已逝，李泌解决杭人卤饮之苦的为民情怀将让世人永久铭记。

———————

参考文献

[1] 杭州市水利志编纂委员会.杭州市水利志[M].北京：中华书局，2009.

[2] 胡勇军，李霄.唐宋及民国时期杭州城市沟渠建设研究[J].华北水利水电大学学报，2016(04).

[3] 张学继.浙江历史人文读本：千秋镜鉴[M].杭州：浙江古籍出版社，2013.

一湖清水六井清泉
爱民爱城兼济天下
——白居易

白居易 (772—846 年)，字乐天，号香山居士，又号醉吟先生，祖籍太原，后迁居下邽 (今属陕西)，生于新郑 (今属河南)，是唐代伟大的现实主义诗人，有"诗魔"和"诗王"之称。贞元十六年 (800 年) 进士及第，元和元年 (806 年)，制科入等，次年为翰林学士。历任太子左赞善大夫、秘书监、太子少傅、刑部尚书等职，封冯翊县侯。846 年，去世于洛阳，赠尚书右仆射，谥号"文"，葬于洛阳香山。

白居易一生始终践行"穷则独善其身，达则兼济天下"的处事原则与人生信条。作为一位伟大的现实主义诗人，白居易倡导诗歌要密切结合国事民生，积极关注民间疾苦，在诗歌创作中对当时的诸多政治弊端和严重的社会问题，做了直言不讳的揭露和鞭挞，以此补察时政，针砭痼疾，改良民生。其诗歌锋芒所向，权豪贵近为之色变。作为一位为民请命的政治家，白居易在为官期间以"兼济"为志，廉洁奉公，尽瘁为国。808 年，白居易被唐宪宗提拔为左拾遗，为尽谏官之责以报知遇之恩，频繁上书言事。"有阙必规，有违必谏，朝廷得失无不察，天下利病无不言"(《初授拾遗献书》)，甚至当面指出皇帝的错误。其刚正不阿的为官本色，由此可见一斑。

中唐时期内忧外患，政局动荡，环境险恶。822 年，河北藩镇复乱，白居易多次上疏言事，但天子荒怠，朝中昏乱，忠言不被采用。于是，白居易决定远离朝堂，请求到外地任职，七月被任命为杭州刺史。是年十月，五十岁的白居易策马扬鞭，到任杭州。自进士及第，二十二年来，无论是写诗还是为官，无论是朝中还是外任，白居易始终没有改变过为民谋福祉的赤胆忠心。唐长庆二年(822年)十月至四年(824年)五月，白居易任杭州刺史，虽然只有短短20个月，却留下了疏浚西湖(当时称"钱唐湖")、治理六井等利益民生的水利政绩。

杭州是典型的水乡，水是杭州的灵魂，西湖则是杭州发展的命脉。白居易出任杭州刺史时，西湖由于年久失修，已经严重淤浅，蓄水量大为缩减，杭州农田经常受到旱灾威胁，有时导致百姓颗粒无收。白居易走街穿陌，访贫问苦，发现主要原因便是西湖淤塞，年久失修。白居易在仔细考察西湖的形势，研究西湖的蓄泄规律后，对湖中出现的数十顷葑田进行疏浚，在钱塘门外石函桥附近修筑堤坝水闸，将旧有湖堤提高数尺，以增加西湖的蓄水量。同时还疏浚了大历年间李泌任杭州刺史时所

送别白居易群雕

圣塘闸亭《钱唐湖石记》

修建的六井，缓解了城中百姓的饮水困难。《新唐书》记载"复浚李泌六井，民赖其汲"。整个治理工程完成以后，既恢复了西湖的灌溉功能，还解决了杭城百姓的生活用水之忧，同时引湖水入运河，为江南运河扩充了水源，保障了通航，可谓一举三得。白居易治理西湖完工后，还特地撰写了《钱唐湖石记》^①，详细阐述了治理湖水的政策、方式与注意事项，刻石置于湖边，供后人参考。白居易在水利上的举措为杭州百姓的农业、生活、航运、用水提供了便利，为杭州城的继续发展和持续繁荣创造了有利条件。

　　白居易虽然只在杭州待了不到两年，却发自内心地热爱杭州这座城市，在杭州

───────────

① 编者注："钱唐湖"即"钱塘湖"。下同。

白苏二公祠

留下了横亘千古的足迹。白居易一生共留下三千多首诗篇，其中有两百多篇是他出任杭州刺史的二十个月中创作的。其中不乏一些脍炙人口、传诵至今的名篇，如"乱花渐欲迷人眼，浅草才能没马蹄""灯火万家城四畔，星河一道水中央""江南忆，最忆是杭州"等。最早出现"西湖"名称，便是在白居易的《西湖晚归回望孤山寺赠诸客》和《杭州回舫》这两首诗中。白居易的诗歌，极大丰富了西湖的文化底蕴，使西湖风光名声大振，也为之后的西湖开创了一个诗意的山水典范。这方面历代诗人能与他匹敌的，应该只有北宋的苏东坡了，"杭州若无白与苏，风光一半减西湖"，这样评价也毫不为过。

白居易衷心热爱杭州这座城市，热爱杭州的一山一水、一草一木。面对西湖，他一往情深："未能抛得杭州去，一半勾留是此湖。"但他对杭州的父老乡亲更是挂念于心，他常常自愧自疚，没有为杭州百姓做更多事情："三年为刺史，无政在人口。""不才空饱暖，无惠及饥贫。"离任前，他将自己俸禄的大部分连同多年的积蓄留存管库，留作疏浚西湖的固定款项，并规定用掉的数额都由继任者补足。而历代的继任者也都敬仰白居易的为官为人，将这笔固定款项"发扬光大"。白居易去世之后，这笔款项仍然发挥着保护西湖、美化西湖、造福杭州百姓的作用，一时成为美谈。后来，黄巢之乱爆发，黄巢大军进犯杭州，文书多被焚烧散失，这笔款项才不知去向。

白居易一生仕途坎坷，接触了许多中下层的老百姓，对民间疾苦有着清醒的认识。他清廉自守，在杭州任职期间，时刻警醒自己清正廉洁、勤政爱民。离任之后，有一天他在自己的行李中发现了两块在杭州天竺山踏青时捡来的石头，大为惶恐，认为两块石头像是价值连城的千金，取走两块石头好比贪污了杭州的财物，于是情真意切地写了一首忏悔诗。现在读来，仍然令人动容："三年为刺史，饮冰复食檗。唯向天竺山，取得两片石。此抵有千金，无乃伤清白。"

白居易在杭州时间虽短，却赢得了杭州老百姓的爱戴，赢得了流传千古的美名。白居易离任之际，杭州百姓扶老携幼，箪食壶浆，夹道相送，情景十分感人。杭州百姓为了纪念这位兴修水利、勤政爱民的老市长，便将钱塘湖原来的白沙堤改名为白堤。白居易对杭州城和杭州百姓也是依依不舍，挥泪写下《别州民》：

> 耆老遮归路，壶浆满别筵。
>
> 甘棠无一树，那得泪潸然。
>
> 税重多贫户，农饥足旱田。
>
> 唯留一湖水，与汝救凶年。

白居易离任之际，没想过自己在杭州城的政绩，而是忧虑百姓的税负太过沉重，担心百姓陷入饥荒，唯有希望西湖的那一池碧水能够兴利除害、抗旱救灾，帮助百姓渡过饥馑凶年。白居易离开杭州后的很长时间内，杭州百姓依旧在想念他，亲切地喊他"白舍人"。后代人在白堤尽头的孤山麓建造白公祠来纪念他。一湖清水，一道绿堤，六井清泉，两百诗篇，所留不多，却已不朽。

参考文献

[1]　（唐）白居易，著 . 朱金城，笺校 . 白居易集笺校 [M]. 上海：上海古籍出版社，
2020.

[2]　肖凡 . 西湖杂谈 [M]. 杭州：浙江人民出版社，1956.

[3]　刘浪 . 白居易与西湖水利 [J]. 中国水利，1983(01).

[4]　余苍 . 白居易与西湖 [M]. 杭州：杭州出版社，2004.

[5]　《杭州市水利志》编纂委员会 . 杭州市水利志 [M]. 北京：中华书局，2009.

[6]　王如高 .100 位水利名人 [M]. 南京：河海大学出版社，2009.

[7]　谢祥林 . 论白居易与水利建设 [J]. 农业考古，2014(06).

[8]　郭杰 . 白居易小传 [M]. 济南：山东人民出版社，2017.

"恶溪"变"好溪"
德重天地合
——段成式

段成式（803—863年），字柯古，山西汾阳人，生于齐州临淄（山东淄博），唐朝著名志怪小说家，工诗，有文名；代表作是短篇小说集《酉阳杂俎》。历任秘书省校书郎，尚书郎，吉州、处州、江州刺史，太常少卿等职。在诗坛上，段成式与杜牧、李商隐、温庭筠齐名。段成式在处州担任刺史期间，兴修水利工程，将"恶溪"变成"好溪"，深受百姓拥戴。

唐宣宗大中九年，段成式五十三岁，由长安调往处州，担任刺史。在《赠处州段刺史》一书中，诗人方干将其在府城的居所和生活情况写了一遍："幸见诗才镇栝初，郡城孤峭似仙居。山萝色里登台阁，瀑布声中阅簿书。德重自将天地合，情高原与世人疏。"段成式在处州德行显赫，深受百姓爱戴，尤其以治理水灾、兴修水利为甚。

段成式初到处州时，得知缙云与丽水之间有一条水上交通要道"好溪"，水流湍急，容易爆发水患，且多年没有得到治理。这条水上交通要道因此被当地人称为"恶溪"。段成式上任后，下定决心要治理这条河，他到现场察看河段，制定计划，并组织群众开挖河床，清理险滩，疏通河道；修筑"好溪堰"，引水灌溉。堰渠建成后，不但确保了天王畈原有的水田供水，还将原来的很多干地改造为水田。

好溪堰

　　"好溪堰"至今已有1 160多年历史，是名副其实的"千年古堰"。古人垒石为堰，将好溪水引入丽水城东平原（俗称天皇畈）河渠，灌溉18个村庄480公顷（7 200亩）农田。好溪堰由拦水堰坝、进水口、稠密河渠系统组成。好溪堰坝高6.55米，长225米，导引的溪水向西南流至浪荡口分坝，分为东、北两支河渠，干支流全长25.4千米，既可灌溉农田，又能通航舟楫和防洪排涝。

　　道光《丽水县志·水利》中对段成式修建的堰渠作了详尽的描述：

　　"好水渠，位于县城东二十里的灵鹫山（又称马头山）下，筑一道石堰，障缙云溪水流入渠中，向西流经浪荡口分水坝。北渠别纳有三大景观：一是从固始桥进入，一是从八宿桥进入，一是从沙圩口进入。沙善涨。偶尔疏浚，小溪便无法进入。灌溉了六十多亩土地。宽六丈，长九丈，中间一丈二，每一头都高六尺。自堰至分大坝一百八十二米；从分水坝到东渠蜈蚣岭坝段一百二十米；从渠巩固桥向南两百九十米，是从大坝向北延伸的。东渠灌田四十五顷三十九亩，颇具特色。北渠灌

好溪堰附近风光

田十八顷五十六亩。始于唐刺史段成式，后无人能考其兴衰。"

段成式把恶溪治理得很好，把洪水变成了水利，福泽后人。为不忘段成式治理水患的恩德，20 世纪 90 年代，当地居民趁着建灵山寺的机会，在马头山（也叫"灵鹫山"）建了一座石像，以示怀念。

参考文献

[1] 闵祥林 . 段成式家世与仕宦略述 [J]. 时代文学（下半月），2014(07).

[2] 许智银 . 段成式与唐代文学刍论 [J]. 中国海洋大学学报（社会科学版）2012(03).

为官清廉　治水功高

——王元暐

　　王元暐（生卒年不详），山东琅邪人。唐大和七年（833 年）任鄮县令，于今鄞江镇西修建了它山堰，用以蓄淡、阻咸、引流，并在南塘河建乌金、积渎、行春三碶（今上水碶、下水碶、石碶），形成水利网络，灌溉鄮西田数千顷。它山堰的修筑，让鄞江流经的明州和鄮县心腹之地小溪镇，成为宁波文化的发源地之一。宋人魏岘的《四明它山水利备览》称王元暐修建的它山堰"民食之所资，官赋之所出，家清泉，舟通物货，公私所赖，为利无穷"。它山堰历千余年仍存，被评选为全国重点文物保护单位、世界灌溉工程遗产。

　　它山堰地处浙江省第二大城市宁波。宁波名称取自"海定则波宁"。宁波历史悠久，是一座濒水而居、因水而兴的城市。宁波平原早期是一个咸潮肆意横流的斥卤之地，平原河流、湖沼密布，善泻难蓄、水土盐卤，水不可食，也不能灌溉。基于此，为解决城市水源问题，时任鄮县县令的王元暐启动了以它山堰为中心的城市引水工程，将四明山的樟溪溪水引入城中，供人民生活之需。

　　该工程前端修建它山堰，阻断咸潮上溯，并将樟溪之水蓄积起来，实现了"涝则七分水入江，三分水入溪，以利泄洪；旱则七分水入溪，三分水入江，以供灌溉"。

中间开挖南塘河，引溪水入南水门，南塘河与奉化江平行，沿途修筑乌金碶、积渎碶、行春碶三个水利调节点，可通奉化江，是引樟溪之水入鄞西河网和行洪、排涝、灌溉、航行的骨干河道。末端利用沼泽低地修筑日湖、月湖，蓄积淡水，再分流至城内开挖的大小河渠、池塘，为城市供水。以它山堰为中心构筑的水利网络，既解决了古城的水源问题，也实现了对南塘河沿线农田的灌溉，加速了城市的发展。王元暐在建成它山堰后，发觉它山堰大暴雨过后的泄洪能力不足，于是又在南塘河上分别建了乌金、积渎、行春三座碶闸，用以启闭蓄泄。

王元暐原是京官，一举中科后，初任翰林院书记，翌年任翰林院编修，两年后升任八郎之首的朝议郎，四年连升三级。但也就在那时，争议随之而来，告状、诬陷的信不断，使得这位意气风发的朝议郎不断被贬，先是降任金华府同知，后又调任鄞县县令。由天子脚下的大京官，下放至偏远的海边小县城做县令，命运虽然跟王元暐开了一个玩笑，但他并没有屈服于命运的安排，在这片叫鄞县的小县城里，留下了它山堰这个泽被万世、功高千古的水利工程奇迹。

千百年来，鄞县当地的民众都深受水害煎熬。鄞县西部的四明山，每到春秋之际，大雨如注，洪水肆虐，奉化江咸潮上溯到平水潭，鄞江江水"与海潮接，咸不可溉田"。百姓在水灾面前，束手无策。王元暐上任后，志存君国，心系黎民，度山川之险，察地理之宜，发现"两山夹流，铃锁两岸"的它山是个修筑堰坝的不二之地。随后，王元暐开始着手整治鄞江，进行阻咸及引流，建筑了它山堰，造福了千秋万代。

据宋代魏岘的《四明它山水利备览》等有关史料记载，为了选择合理的坝址，王元暐四处勘察，相度地势，发现了"两山夹流，铃锁两岸"的它山。它山地势优越，大溪之南沿流皆山脉连绵，北面都是平壤之地，南岸之山与它山夹流，两岸有石趾可据，所以王元暐决定利用这一有利地形兴筑阻咸、蓄淡、引水的渠首枢纽工程，把鄞江上游来水引入内渠南塘河，并在内河与外江之间围堤建闸，将江河分开。古语曰：涝则七分归江，三分入溪；旱则七分入溪，三分归江。在南塘河上建碶闸，使堰和碶形成了一个完整的水利系统。

它山堰石碑

根据水利专家分析，它山堰设计方面颇具科学性，涉及的科学原理有许多是二十世纪才发现的。它山堰堪称水利建筑史上的奇迹。它山堰共由9坝、5堰、13塘共同构成。它山堰断截鄞江，让江河不分的鄞江从此一分为二，有力地阻断了从鄞江回潮的海水，实现了阻咸功能。同时上游樟溪的淡水经此引流，一路进入南塘河，进入宁波的日湖和月湖，供城市用水之需，实现了蓄淡功能。作为城内居民的生活用水和消防用水，宁波城的百姓得益于它山堰水利枢纽工程的淡水供给。另一路淡水经官塘，北入小溪港灌溉七乡农田24万亩，实现了灌溉功能。遇到水涝时节，上游洪水漫过堰面而注入奉化江，过甬江入镇海口泻进大海，减轻鄞西涝情。如此构思精妙的设计，使得后人不得不为先人的智慧所叹服。

王元暐与十兄弟大义修堰的故事

王元暐为官清廉刚正，以勤俭戒游惰，以诚实崇孝慈，使境内贪暴者敛迹，孤独者有依。在宁波的老百姓中间，至今相传着关于王元暐的很多故事。这些故事大多与他的治水事迹有关，其中一个就是王元暐"放木鹅"的故事。据说，在河沟建成后，王元暐为选定与它山堰配套的三个水闸位置，便从上游放下三只木鹅，木鹅自动停下的地方就被他选作闸址。千百年来，"王令当年放木鹅，身营三碶隔江河"的美谈不绝于耳。当地百姓感恩于王元暐，还在它山山坡上，建了一座庙，庙堂正中便是王元暐的坐像，坐像旁还立有十位建堰民工的雕像。官民同居一庙的背后，是一个壮烈的传说故事：建堰之初，遇到了一个大难题，春雨绵绵，河水湍急，河桩一直无法钉立。眼看汛期将至，十位出身不同行业的建堰民工主动站了出来，跳入水中，用他们的身躯，做出了壮举：以己为殉，以身定桩。为了纪念筑堰殉身的十位民工，就建了这个"舍身祠"。

　　后人思王元暐治水有功，立祠以祀。南宋乾道四年 (1168 年)，旨赐"遗德"庙额。宝庆三年 (1227 年) 敕封"善政侯"。清嘉庆十四年 (1809 年) 加封"孚惠侯"，并将它山堰开工和竣工之日定为鄞江桥庙会举行之日，千余年来盛况不绝。

───────

参考文献

[1] 黄文杰 . 月湖初光：从"庆历五先生"到"淳熙四君子"[J]. 宁波通讯，2014(07).

[2] 张志忠 . 水文条件对我国北方滨海湿地的影响 [J]. 海洋地质动态，2007(08).

[3] 蒋志松 . 它山堰 [J]. 宁波通讯，2015(20).

[4] 沈之良，陈万丰 . 再谈我国水利史上的奇迹——有关唐代它山堰的千古之谜 [J]. 科技导报，1995(11).

疏导分流息水患 克己奉公为家国

——韦庸

  韦庸 (生卒年不详) , 山东兖州 (今济宁市兖州区) 人, 唐会昌年间 (841-846 年) 为温州刺史。会昌四年, 三溪水汇, 洪水泛滥, 韦庸采取了疏导分流来平息水患。他躬身督役, 历时四载, 凿湖十里, 筑堤堰于浦口, 以支分派合, 南面导流入永瑞塘河, 北面河道绕城注入瓯江。群众习惯称呼上河乡属"会昌湖", 下河乡属"永瑞塘河"。韦庸开拓三溪河网工程, 实现旱涝兼治, 达到防洪、灌溉、交通水运综合效益。郡人为纪念韦庸治水功绩, 命名湖为"会昌湖", 堤为"韦公堤", 寿张县否花村连台寺碑刻记有"前检校祠部郎中"。迄今一千余年来, 三溪河网会昌湖工程沿用不衰。

  温瑞塘河主河道古称南塘河, 明清称七铺塘河, 北起鹿城区小南门跃进桥, 向南流经梧埏、白象、帆游、河口塘、塘下、莘塍、九里, 再向西至瑞安市城关东门白岩桥, 全长 33.85 公里, 正常水位时河面一般宽度为 50 米, 最宽处 200 多米, 最窄处仅 13 米。温瑞塘河水系河道纵横交错, 被温州人民称为"母亲河"。

  温瑞塘河于晋时初成河道。从南朝永嘉郡守谢灵运《舟向仙岩寻三皇井仙迹》及《游赤石进帆海》诗可见他曾由此河自温州至仙岩、帆游。唐会昌四年 (844 年),

温州城西南"三溪"之水汇集成湖，如遭暴雨，很容易造成洪灾。水源主要来自瞿溪、雄溪、郭溪（通称三溪）以及集各山脉的山涧溪流，整个流域面积 740 平方公里，水面面积 22 平方公里，灌溉面积 48.2 万亩，多年平均降雨量 1 694.8 毫米，年径流量 9.13 亿立方米。水系河网总长度 1 178.4 公里，在高程 5 米时，相应蓄水量达 6 500 万立方米。

韦庸任温州刺史期间，温州城西南共有七十多平方公里流域面积的水汇集为湖，西起旸岙，东至梧田，湖面甚广，常有水患。韦庸"每以利民为念"，率领瓯越先民，理郡西南水患，开凿通江排洪河道（今勤奋河等）十里，倡疏会昌湖，导汇瞿溪、雄溪、郭溪以及桐岭、眠岗、白云、大罗、吹台诸山之水经温州城西南通瑞安境的帆游与瑞安段河道相接，直通瑞安城。当时先民们都是用最原始的办法，如用手工、肩挑等去修筑工程。他用了 4 年时间，修坝治水，开拓三溪河网工程，实现旱涝兼治，达到防洪、灌溉、交通水运综合效益，终于建成湖堤十里，带动了沿河一带的繁荣和发展。

百姓为纪念韦庸治水功绩，以唐会昌年号称之为"会昌湖"，堤为韦公堤。又称上河乡属"会昌湖"，下河乡属"永瑞塘河"。迄今一千余年来，三溪河网会昌湖工程沿用不衰。韦庸在温州留下《丫髻岩》一诗，表达自己身在他乡思归的心情："丫髻岩头残月，腊岩洞口朝阳。啼鸟唤人归去，此身尤在他乡。"丫髻（音记）岩即丫髻山（今白龙山），在乐清市虹桥镇。

为弘扬传承韦庸这种治水精神，瓯海区政府在仙门岛上修建了"韦庸治水"丰碑。整个雕塑高 12 米，其中主题人物 10 米，基座 2 米。

韦庸治水雕塑的主题人物为韦庸和两名副手，以韦庸为中心展现治水场面。雕塑通过这样一个齐心协力、万众一心的场面刻画，体现了韦庸治水的丰功伟绩。整个作品采用圆雕和浮雕、点线面多种艺术表现手法，突显治水场面的气势恢宏和先

会昌湖

仙河亲水休闲公园

民治水的澎湃激情，具有很强的艺术感染力，成为当地的地标式雕塑。温州当地人代代都在传承韦庸的这种治水精神，如今正在建设的西向排洪工程就是韦庸治水工程的延续。

西向排洪工程将瓯海段列为浙江省重点建设项目，包括西向排洪瓯海段工程、仙河亲水休闲公园和任桥河拓宽整治工程三大工程建设，是解决温州市西片洪涝灾害的一项重大民生工程。工程线路总长 6.26 公里，总投资约为 9.8 亿元人民币，于 2014 年 3 月建成，和仙门岛上的"韦庸治水"丰碑，一起激励后人传承先祖的治水精神。

参考文献

[1] 汤章虹，林城银 . 古城温州为"龟城"[J]. 城建档案，2010(02).

[2] 林观众 . 温州古城特色和历史街区保护刍议 [J]. 规划师，2005(07).

[3] 吴庆洲 . 斗城与水城——古温州城选址规划探微 [J]. 城市规划，2005(02).

[4] 童宗煌，林飞 . 温州城市水空间的演变与发展 [J]. 规划师，2004(08).

[5] （宋）祝穆，撰 . 施和金，点校 . 方舆胜览 [M]. 北京：中华书局，2003.

[6] 黄纯艳 . 宋代海外贸易 [M]. 北京：社会科学文献出版社，2003.

[7] （唐）陆龟蒙，著 . 柏俊才，选注 . 陆甫里小品 [M]. 北京：文化艺术出版社，
1997.

[8] 叶大兵 . 温州民俗 [M]. 北京：海洋出版社，1992.

[9] 程民生 . 宋代地域经济 [M]. 郑州：河南大学出版社，1992.

[10] （宋）徐照，等著 . 陈增杰，点校 . 永嘉四灵诗集 [M]. 杭州：浙江古籍出版社，
1985.

潜涵引溪仓部堰
万古清风在典型
——徐镒

徐镒（870—903 年），武义县桐琴镇东皋村人，字德基。二十岁时以"才识并茂"被举荐给朝廷，起用为仓部员外郎。因为勤于职守、秉公办事，五年后就被提拔为仓部侍郎。徐镒辞官归故里后，率领百姓兴修仓部堰，灌溉杨村、刘宅、王山头、泉溪等村农田万余亩。乡民怀镒恩德，名其为"仓部堰"，在堰旁建庙奉祀。

刚正不阿　秉公办案

徐镒虽然入仕不久，但他正直、大公无私，让那些心怀不轨的人望而却步。

徐镒任侍郎时，当时称霸一方、位高权重的凤翔节度使李茂贞派使者到仓部向徐镒无理索取奉献百缗（1 000 文铜钱为一缗）。"百缗"之于仓部应该是无足轻重。换成别人，也许正可慷国家之慨，攀附节度使这样的封疆大吏，徐镒却断然拒绝，说："部库方虚，无可奉献！"那使者狗仗主势，怒气冲冲地问："君如此强项（强项，形容刚强不屈），难道是不欲当官为吏了吗？"徐镒正气凛然地说："我做官决不是为保头上这顶乌纱，所以我敢这样！"那使者索贿不成，只得悻悻离去。

当时，仓部的公事，仅凭尚书独断，侍郎以下，只不过签字署名罢了。徐镒当面对尚书说："朝廷设官分长佐（正副），意在相互敬重，做出成绩。如只凭长官一

徐锴

人所为，我等又何必在此束手旁观做国库蛀虫，让后世唾骂！"仓部尚书金某，任人唯亲，提携一位无德无才的亲戚为堂吏。该堂吏因贪赃枉法克扣军饷被逮捕下狱，按律当斩。执法者正是仓部侍郎徐锴。金尚书闻知，亲自屈膝上门为那堂吏说情。

俗话说"不怕县官，只怕现管"，徐锴却不畏顶头上司之权势，仍将堂吏绳之以法，砍头示众，并于次日要金尚书在文书上签字。金尚书恼羞成怒说："你既已将他处死，又何须我再签字！"徐锴不卑不亢地说："我是按大唐律法办事，你金尚书身为朝廷重臣，难道还想与恶人同流合污，为恶人翻案吗？"金尚书理屈词穷，只得在文书上签了字。

徐锴在朝为官十余年，为人刚正不阿、秉公执法，得到唐昭宗的器重。调任兵部侍郎后不久，徐锴厌倦官场的争名夺利与勾心斗角，要求辞官归里。唐昭宗就加封其"国子祭酒""加食邑五百户"，赐九旒、紫金鱼袋，并赐他《赐仓部侍郎徐锰》一首："解组归田履舄轻，天将五福畀康宁。四朝人物推耆旧，万古清风在典型。郊野亦能知有道，朝廷久欲访遗经。帝城此后瞻依近，长傍南弧望极星。"字里行间可看出，在昭宗皇帝李晔心目中，徐锰是"万古清风"的典型，离别之际特地撰写《赠侍郎徐仓部还乡序》，称赞他为人正直无私，处事原则性强，殷切希望他还乡之后，能用"强力"去"矫正"存在于自身的"气禀之偏"。

兴修水利 造福一方

徐锰带着盖有昭宗皇帝钤印的《仓部公徐锰"官像"》回到故土武义东皋村。这里清溪依旧清澈，只是河岸上的庄稼已经干涸了。清溪发源于武义和缙云之间的雪峰山，一路上有几十条峡谷，河流绵延几十里。但是，清溪流域面积大，落差大，泥沙淤积过多，洪水过多，就会淹没两岸；水少的地方，就会被砂砾掩埋，不能灌溉农田。历代居民，都是苦不堪言，却又无可奈何。

清溪口水库

徐锱体恤民情，在仓部任职多年的他通晓农桑，也知晓一些治水经验，便酝酿出一个治理良策：在清溪底筑涵瀛。他倾其所有，率领百姓兴修了一座水利设施——仓部堰。

兴筑此堰，浩繁艰巨。嘉庆《武义县志》载："兴筑此堰时，因顽石为阻，需开凿坚硬岩层，凿石屑一斗者，酬钱一升，费力矩烦，以迄成功。乡人德之，旁有仓部祠，全杨村以下，各处俱蒙其利。"徐锱倾尽家财，组织召集施工，经过 3 年多的时间，这座堰坝终于完工。涵瀛建好后，地下水渠 18 条，深 3 米，两边用石头砌成，洞口高两米，当溪水枯竭时，洞内的水会从洞口流出来，然后通过明渠或涵道流入村头。引自瀛水至各村的明渠，大致沿着清溪至县城古道的方向，灌溉刘宅、王山头、官田、巩宅等沿线近 20 个村庄的 2 000 余亩农田，并供人畜饮水，沿用至今。

古堰的河水流经这片地区，村民们对徐锱的救命之恩非常感激，给他起了个"仓部公"的名号，把那座古堰叫做"仓部堰"，而堰旁的工人们居住的村庄，则叫做"仓部堰村"。村民们还在村边建了一座"仓部公殿"，并立了一尊"仓部公"的雕像，供着香火。

为进一步扩大灌区的灌溉面积，武义于 1958 年开始修建清溪口水库，1964 年

仓部庙

85

建成。自此，仓部堰的蓄水工程被淹没在了水库之下，已使用了 1 100 多年的古涵瀛也随之湮没。目前，仓部堰只在杨村、刘宅等村保留了一些古代的灌溉渠道。虽然仓部堰的水利项目已经"退休"，但"仓部公"的事迹永存人们心中。

参考文献

[1] 余菡，陈业 . 仓部堰——潜涵引清溪 善水共流芳 [N]. 金华日报，2021-3-22.

[2] 浙江省纪委省监委网站 . 千年古堰背后的"仓部公" [EB/OL].[2021-3-18].http://www.zjsjw.gov.cn/zhuantizhuanlan/qinglianwenhua/qingfengzhilv/202103/t20210312_3794648.shtml.

[3] 陶鸿飞 . 武义古代治水史话 [N]. 武义报，2018-2-8(7).

[4] 董群 ."仓部公"徐锱 [N]. 中国纪检监察报，2017-4-24(6).

[5] 陶峰松 . 武义古代的清官廉吏：唐代仓部侍郎徐锱 [EB/OL].[2018-8-31].https://zj.zjol.com.cn/news.html?id=1019993.

[6] 唐桓臻 . 千年古堰背后的"仓部公" [EB/OL].[2021-06-04].https://mp.weixin.qq.com/s/0Mgvj150B0EdFF0Wv7vnTQ.

勤政治水护百姓
舍生忘死奉潮神
——张夏

张夏（生卒年未详），排行六五，称十一郎官，萧山长山（今楼塔、河上镇一带）人。其父张亮曾为五代吴越国刑部尚书，以父荫被授郎官。后任泗州（今安徽县）知州、两浙转运使。任职期间，治水一方，福荫百姓。张夏死后，朝廷为嘉奖其治水功绩，追封其为宁江侯。宋嘉祐八年赠太常少卿，淳祐十一年封显公侯，咸淳四年敕封护塘堤侯，清雍正三年敕封静安公。百姓们为了纪念这位治水英雄，敬他为萧山的"大禹"，尊为"张老相公"。相公庙上至诸暨，下至绍兴，乡乡都有。萧山更有"沿江十八庙，庙庙供张公"之说，只要有江有河有庙的地方都供张老相公。

为民纾难　治水分忧

张夏所到任处，为民纾难、治水分忧，护一方黎民百姓安宁。据《萧山县志·人物传》，张夏早年在安徽泗州做知州时，"泗州发大水，张夏募民修建堤塘，疏导河渠，减轻灾害。"

景祐年间，张夏以工部郎中任两浙转运使。浙江海塘年久未修、潮灾泛滥。据《宋史》记载，唐末宋初钱塘江沿江堤塘多为泥塘，重要之处也仅是"薪土"或竹笼事塘，

张夏海塘亭

经不起潮水的冲撞，当地百姓深受潮灾侵蚀之害。1034 至 1038 年间，张夏派人加固堤塘，分段守护，在钱塘江北岸的杭州六和塔至青阳门，首用石块砌塘，在塘外还打入松桩加以保护，木石并筑的江堤有力抵挡了江潮冲击，从而延长了江堤寿命，造福了两岸人民。钱塘江南岸，自西兴接长山至坎山的北海塘石塘，也是张夏主持兴建。《萧山县志》对此事有所记载："初，公出使为两浙转运使，杭州江岸率用薪土，潮水冲激不过三载，辄坏。公乃作石堤十二里，以防江潮之患。既成，人感德不朽。"除了对钱塘江海塘进行"派人加固海塘，分段守护"这一常规管理，张夏还在景祐年间对海塘进行了治理体制上的重大改革。《萧山县志》记载："景祐中，浙江石塘积久不治，人患垫溺，以工部郎中出使。因置捍江兵士五指挥，专采石修塘，随损随治，众赖以安邦。""置捍江兵士五指挥，专采石修塘，随损随治"这一重要举措，使钱塘江海塘的管理与修治从此有了专门的人力物力作为保障。

经过朝廷批准，张夏设 2 000 名军士，史称"捍江兵"，专门负责海塘修筑保护。沿江设五个指挥点，分兵把守，分段负责，张夏对其直接指挥。张夏在治理江患海塘时，曾以今萧山衙前镇新林周村古（明代）钱塘江堤岸上的"张夏庙"为治理指挥部。在治理江塘中，张夏时常坐船亲临一线查看指挥，有一次因江水汹涌导致决堤时，其在率众抗洪中覆舟不幸而亡，成为抗洪英雄。

张夏"募民"修建堤塘、科学疏导河渠，又首次发起将杭州段钱塘江堤塘由"薪土"改建为"石塘"，在钱塘江治水历史上具有十分重要的开创性意义。张夏舍生忘死治水，护佑一方平安。景祐年间，朝廷嘉奖张夏治水功绩，敕封其为"英济王"。到了庆历二年，又在江堤上立起了张夏的祠堂。民国《萧山县志稿》记载："宋仁宗庆历年间(1041—1045 年)，立庙于堤上"，此庙称为"张夏行宫"或"相公庙"，至今已有 980 年左右的历史。

为民造福 舍生忘死

张夏因修堤筑塘有功，去世后，人们尊他为张老相公，奉为"江海保障之神"。其塑像左手执一金锭，右手竖二指。其意相传是张夏为筑海塘，耗资二千两黄金，嘱后人好生维护。清代江流改道北移，潮灾频繁，人们在江边建庙供奉张老相公，祈求他护靖江安邦，该庙称靖江殿。

张夏治水因公殉职之后，沿岸出现了有关张夏的潮神崇拜。对于张夏的崇祀，首先表现为遍立庙宇，香火不断。这些主供张神（当地称张老相公）的寺庙遍布萧山，尤以浦江、钱塘江畔及沙地地区为最。民国《萧山县志稿》记载："静安绥祐公庙，在县东北十里长山之麓，宋时建，祀漕运官张讳夏，行六五，咸淳间祈祷甚应，俗谓之长山庙，又张老相公庙……一在县东十九里新林周……一在螺山，一在临浦萧绍交界处，一在十都桃里……一在石岩堰，一在长兴乡潭头，一在闻堰，一在沙地正字号。"实际上，张神庙数量远不止此，如进化镇泥桥头村靖江庙、党山镇梅龙殿和相公殿、义蓬镇靖海殿和定海殿、湘湖横筑塘张神殿、闻堰青山头张神殿等，

不胜枚举。民国《萧山县志稿》说："滨江滨海各乡私祀极盛，沙地尤多，或称靖江殿，或称镇海殿，皆是也。"谚云："沿江十八庙，庙庙祀张神。"三月初六张神诞日和八月十八都要举行规模盛大的春秋两祭，相沿成习，流传至今。

　　广泛的张夏潮神崇祀，使得有关民间传说广为流传。如关于张夏因公殉职的传说。据传，钱塘江江神张夏站在长山上，望见江北金兵铁骑正在追赶南逃的小康王。小康王来到一座土地庙前，土地爷急中生智，钻进庙前泥塑的马肚子里，驮着赵构过江南来。这时，东海龙王驾着潮头来赶热闹，小康王有被潮水吞噬之险，张夏见了怒喝龙王，让他退回去，龙王不听。张夏急忙向东赶，到坎山小殿山，潮水还在滚滚向西，赶到坎山清风亭，潮水兀自不退，张夏急了，纵身跳入江里。龙王见了江神，吓得赶紧逃回东海，钱塘江顿时风平浪静，小康王得以骑着泥马安然渡江，而张神却葬身钱塘江。还有一则传说也颇具代表性：萧山新林周护堤侯行宫内有一幅壁画，画中一艘飘扬着"张"字的运粮船在江中乘风破浪航行，张夏站立船头，凝目远视，两旁船丁护卫，煞是威严。传说，每天清晨庙门一开，如果见到壁画上船头水珠淋漓，说明张老相公昨晚出去巡查水患、体察民情了。如果壁画干燥如常，则表明张老相公没有出巡，颇有灵验。

如今，萧山衙前镇《张夏祭》已被列入萧山区非物质文化遗产目录，历来有春秋两祭仪式，民间已传承近千年。为了纪念这位治水利民的好官，祈祷风调雨顺、国安民安，百姓们早已将张夏敢于创新、舍生忘死的精神内化为一股强大的力量，世代相承。

参考文献

[1] 费黑 . 萧山县志 [M]. 杭州：浙江人民出版社，1987.

[2] 陶小青 . 萧绍"妈祖"——张夏 [EB/OL].[2022-06-20].https://mp.weixin.qq.com/s/llQFnxlDygHdX42cU2MOOQ.

[3] 谢君，萧五水 . 北塘河行记 [EB/OL].[2021-01-12].https://mp.weixin.qq.com/s/xO0hIEVVJP0Tg7FF4jc_uw.

为官清廉名朝野
治水声名振四方
——陈尧佐

陈尧佐 (963—1044 年），字希元，号知余子，北宋阆州阆中（今四川阆中）人。北宋大臣、书法家、诗人，也是一位出色的水利专家，治水功劳卓著。宋太宗端拱元年 (988 年），26 岁的陈尧佐进士及第，授魏县、中牟县尉。咸平初年，任潮州通判。历官翰林学士、枢密副使、参知政事。宋仁宗时官至宰相，景祐四年 (1037 年），拜同中书门下平章事（宰相之职）。康定元年 (1040 年），以太子太师致仕。庆历四年 (1044 年），陈尧佐去世，年八十二，赠司空兼侍中，谥号"文惠"（愍民惠礼曰文，遗爱在民曰惠）。其文章德业，彪炳史册。

陈尧佐出生成长于一个家教严格、家风廉正的知书达礼之家，他的父亲陈省华因家教严格、为官清廉而闻名朝野，拜为左谏议大夫，卒赠太子少师、秦国公。在他的三个儿子中，长子陈尧叟、三子陈尧咨为科举状元，次子陈尧佐也是进士及第，陈尧叟、陈尧佐官至宰相，陈尧咨官至节度使。一门四进士，兄弟两状元，父子三宰相（陈省华去世后被追赠的荣衔相当于宰相品级），为官均勤政吏治，颇有政声，成为中国历史上的政坛佳话。陈氏由济源发迹，济源为陈省华父子四人建四令堂，北宋司马光曾撰《陈氏四令公祠堂记》，对陈氏父子极尽褒扬之词。四川阆中现有状元洞、将相堂、三陈书院、三陈街等遗迹，皆是纪念陈氏父子。

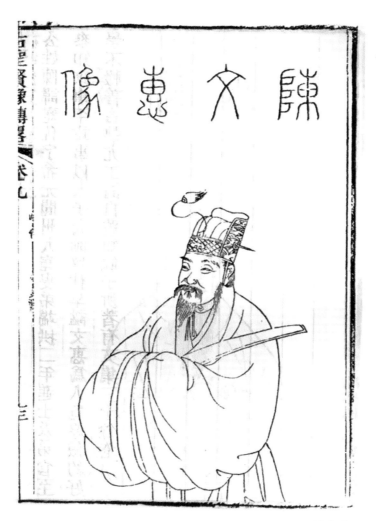

陈尧佐

　　陈省华为官十分注重水利建设，如任栎阳令期间，郑伯渠被邻县豪强占据，他们壅塞沟渠，严重影响下游百姓的农业生产，前任栎阳县令不敢招惹豪强，任其侵占。陈省华上任后不畏权势，下令尽去壅遏，重新疏浚河渠，水利均及，民皆赖之。当黄河决堤郓州时，陈省华临危受命，负责围堵缺口，他率军民苦战奋斗，终于使黄河重归故道。陈省华这种兴水利、重民生的思想作风对陈尧佐产生了很大的影响，因此陈尧佐从政为官时也是清正爱民，兴修水利，为官一任，造福一方，不仅是一个出色的政治家，还是一位杰出的水利专家。

陈尧佐一生为官刚正，敢作敢为，他的"敢"字，正是以一腔无私、为民的情怀书写的。他在陕西任朝邑县知县时，不畏权势揭发宦官方保吉的罪行，遭方保吉诬陷被降为本县主簿。他任枢密副使时，祥符知县陈诂治吏严苛，属下官吏想刁难陈诂，"吏欲罪诂，乃空县逃去"。垂帘听政的刘太后听说陈诂的苛政让胥吏们弃职逃走一事，果然大发雷霆准备惩处陈诂。但陈诂与当朝宰相吕夷简关系很近，执政大臣为避嫌不敢辩护。事情传至枢密院，唯有陈尧佐一人仗义执言道："惩罪诂则奸吏得计，后谁敢复绳吏者？"刘太后觉得陈尧佐所言在理，派人到祥符深入了解情况，陈诂因此得以免罪。陈尧佐出知永兴军（治今陕西西安）时，刘太后生前曾遣宦官在京兆城中修佛塔，前知军姜遵为迎合太后，把古碑古碣全部毁掉充作砖瓦用，陈尧佐到任后马上向朝廷奏请停毁和修复："唐贤臣墓石，今十亡七八矣。子孙深刻大书，欲传之千载，乃一旦与瓦砾等，诚可惜也。其未毁者，愿敕州县完护之。"为了保护文物古迹，敢于公然忤逆刘太后。

在开封府为官时，陈尧佐上书指摘时弊，直言不讳，因"言事忤旨"（评论政事忤逆圣旨）触怒宋真宗，贬为潮州通判。潮州地处岭南，宋时还是偏远蛮荒之地，文化落后，民俗鄙陋。陈尧佐到了潮州，认为最重要的事情就是开化民众，于是修建了孔子庙和韩愈祠（韩愈曾任潮州刺史），开办学堂，重教兴学，以孔子之道教民。通过陈尧佐的努力，潮州的文化教育事业有了很大的发展。从唐代开始潮州便有鳄鱼为害，韩愈为官潮州时曾写了一篇《祭鳄鱼文》，谴责和警告鳄鱼，并限期让其离开潮州。到了宋朝，潮州的鳄鱼之害又严重起来，还发生鳄鱼食人的惨剧："民张氏子与其母濯于江，鳄鱼尾而食之，母弗能救。尧佐闻而伤之，命二吏拏小舟操网往捕。"而潮州的官民都以鳄鱼为神物，不敢冒犯。陈尧佐决心破除这个迷信，他组织了一批精壮之士，用强弩毒矢射杀了许多鳄鱼，还用铁网捕捉到了几头巨鳄。陈尧佐撰《戮鳄鱼文》，把鳄鱼示众街市并当众烹杀。人皆惊异，潮人叹曰："昔韩公谕鳄而听，今公戮鳄而惧，所为虽异，其能使异物丑类革化而利人一也。吾潮间三百年而得二公，幸矣！"至此，潮州鳄鱼之患得除，潮州百姓把陈尧佐与韩愈相提并论，可见人们对他的爱戴。据《宋史》载，陈尧佐在寿州知州任上，遇上大饥荒，陈尧佐一方面向朝廷报告灾情，请求减免赋税和开仓赈灾，一方面把自己的

水利千秋 廉润初心——浙江治水历史人物廉洁故事

薪俸捐出来，买米煮粥救济灾民。其他的官吏富民都以陈尧佐为榜样，也争相献米，赈济了数万人。

陈尧佐为官忠勤国事，惠政及民，在水利方面政绩尤为突出。在两浙转运副使任上，钱塘江潮水为患，历来的防御方法是编竹笼装石块垒堤来阻挡潮水。可是竹笼没过几年就坏了，石块一散护堤也就松垮。他亲率水工勘察，反复试验后，提出"下薪实土法"，即先砌垒石堤以挡浪涛，然后在石堤外筑以薪石土堤，反复夯实，以保证堤坝坚固耐久，这才最终制服了钱塘江凶猛的潮水。

宋真宗天禧三年（1019 年），滑州段黄河决口，毁废民田屋舍，任河北转运使的陈尧佐兼职滑州，负责治理河务。他亲巡堤防，查勘水情，访询百姓，研究制定治水方略，发明出一种叫做"木龙"的防汛拦水工具来减轻水浪冲击，《宋史·河渠·黄河》记载："（木龙）凿横木，下垂木数条，置水旁以护岸。"所谓"木龙"，是在一根横木上凿若干孔，孔中插垂木数条，放置于水旁保护堤岸。这种"木龙杀水法"，直到清代还在使用。陈尧佐又命人以"埽"（一种用柳枝、秫秸、草扎成，并填以土石的防汛工具）填充土石加固大堤，筑成一条绵延长达千余里的河堤，为预防黄河溃泛起了重要作用，滑人得以重建家园安居乐业。当时及后来一段时间，人们争相传颂："不可使后人忘我陈公。"他所修建的这条长堤，也被滑人称为"陈公堤"。

移任并州后，陈尧佐了解到每遇汾水暴涨，堤防欲溃，并州百姓便忧虑不安。于是陈尧佐采用"添土增防，植树固堤"的方法修筑堤防，于堤坝之上植柳树数万株，建彤霞阁于众柳之间，于堤内淤滩之上种荷植藕，不仅使汾水河堤转危为安，而且使水患不息的荒滩变为杨柳依依、荷叶田田、亭阁相映的优美园林，获得了"柳溪"的美称。"堤边翠带千株柳，溪上青螺数十峰，海晏河清无个事，画楼朝夕几声钟。"透过元代诗人的名句，我们可以重温柳溪的美景。如今，在太原柳溪旧址附近，还有一条街道被命名为"柳溪街"。

陈尧佐为政廉洁清简，生活节俭朴素，不追求奢华享乐，家里器物、衣服坏了就随时叫人修补。作为一朝宰辅，其俭约程度可见一斑。《太子太师致仕赠司空兼侍中文惠陈公神道碑铭》也记载陈尧佐以俭约之法、孔子之道箴戒子孙："公居家，以俭约为法，虽已贵，常使其子弟亲执贱事。曰'孔子固多能鄙事'，作为善箴，以戒子孙。"

陈尧佐既是一代贤相，也是治水专家。他工于水利，更功及百姓，居官无大小，所至必有闻。他一生"十典大州，六为转运使"，多以治水著称：两浙转运副使任上，以"下薪实土法"治理钱塘江潮；河北转运使任上，以"木龙杀水法"治理黄河水患；并州任上，以"添土增防，植树固堤"治理汾河大堤。他创造性地提出了多种治水方式，而且治理效果显著，在中国古代水利建设方面，留下了一笔浓墨重彩的华章。

陈省华、陈尧佐父子四人为官均勤政有为，陈氏子孙后辈也是"仕宦满朝""多以材称"，因而称得上一桩衣冠盛事。所以司马光《陈氏四令公祠堂记》中有"子孙繁衍，多以才能致美官，棋布中外，故当世称衣冠之盛者惟陈氏"的赞誉。

参考文献

[1] （元）脱脱，等 . 宋史 [M]. 北京：中华书局，1985.

[2] 蔡东洲 .《宋史 · 陈尧佐传》补考 [J]. 四川师范学院学报，1996(02).

[3] 冯军 . 北宋陈氏父子事迹考证 [J]. 济源职业技术学院学报，2018(04).

[4] 胡鹏 . 陈尧佐年谱 [J]. 蜀学，2019(01).

[5] 乔宇 . 北宋陈尧佐、陈尧咨、陈舜俞人物考 [J]. 文教资料，2020(05).

治水鞠躬尽瘁
为官清白如泉
——范仲淹

范仲淹（989—1052年），字希文，北宋著名政治家、文学家、教育家、思想家，在兴修水利、治理水旱灾害方面亦颇有建树。范仲淹幼年丧父，母亲改嫁。大中祥符八年，苦读及第，授广德军司理参军，后历任兴化县令、秘阁校理、陈州通判、苏州知州、权知开封府、越州知州、杭州知州等职。其一生勤政爱民，不论何处为官，始终体察民情民意，关心民众疾苦，为民排忧解难，因秉公直言而屡遭贬斥。范仲淹任越州知州时，曾著《清白堂记》，以井喻人，告诫为官者，当清白干事。其倡导的"先天下之忧而忧，后天下之乐而乐"的思想和展现的仁人志士节操，对后世影响深远。

治水为民 兴水惠民

范仲淹一生忧国忧民，情系百姓。天禧九年，范仲淹到泰州（今江苏泰州市）任西溪镇盐仓监官，掌管盐税。当时泰州海陵、兴化等沿海地区频受海潮侵袭，因海堤年久失修，潮水泛滥致土壤碱化，百姓无以为生，只好携家外逃。此事本不是盐官的分内之事，但范仲淹关注民生、心忧天下，积极向朝廷上书，建议修复海堤。仁宗天圣二年，朝廷任命范仲淹为兴化县县令并主持整个海堤修复工程。历经四年

先天下之忧而忧

后天下之乐而乐

水

治水历史人物廉洁故事

范仲淹

努力，至天圣六年春，长达 150 里的海堤终于修好。至此，当地农田和盐场免受潮水灾害，外逃百姓纷纷返回家园。为纪念范仲淹功绩，当地人民修建了祠堂，并将海堤取名为"范公堤"。

范仲淹任苏州知州时，苏州久雨成灾，"湖溢而江壅，横没诸邑"，田不得耕，民不得食。面对严峻的灾害形势，范仲淹亲自察访河道，分析水患成因，汲取前人治水经验，提出了"修围、浚河、置闸，三者如鼎足，缺一不可"的疏浚方略，把积水导入江河湖海。他还将治水与治田结合起来，妥善地解决了蓄水与泄水、挡潮与排涝的关系。在救灾过程中，范仲淹以"犹济疮痍十万民"的信念，不顾病体未愈，日夜坚守在抗洪救灾一线。经过努力，苏州东南面的积水流入松江，西北面的积水流入长江，水患终于得到消除，苏、常、湖、秀四州农业生产得到保障，人民得以安居乐业。常熟福山等地的人们为感念范仲淹的恩德，将浦闸称为"范公闸"，修筑的圩堤称为"范公堤"。

任睦州知州期间，范仲淹以"敢不尽心、以求疾苦"的责任心投入到州府事务的处理中，睦州治所梅城位于新安江、兰江、富春江汇合处，背靠乌龙山，面对三江口，常有水患。为让百姓避免经常遭受洪涝灾害，范仲淹主持修筑南北相接的堤坝，并疏浚梅城西湖等水利设施。范仲淹在睦州虽然只有短短半年，但当地老百姓十分怀念这位清正廉洁的州官，先后在梅城修建"思范亭""思范坊""思范堂""潇洒楼""潇洒亭""甘棠楼""范公祠"等以纪念这位父母官。

品性高洁 倡廉戒奢

范仲淹不以物喜不以己悲，一生追求高尚的品性，修炼豁达的胸襟。因北宋朝中废郭皇后之争被贬至睦州任知州时，范仲淹乘船经富春江路过严子陵隐居处时写下五绝一首："子为功名隐，我为功名来；羞见先生面，黄昏过钓台。"又写下《出守桐庐道中十绝》，表达忧国忧民、忍辱负重、忠于朝廷、报效国家的情怀。到达睦州（梅城）后，他来到七里泷，寻访严子陵的遗迹及后裔，下令在东台山麓为严子陵修建祠堂，并写下《严先生祠堂记》，高度评价了严子陵"不事王侯，高尚其事"的事迹，颂扬严子陵高尚情操"出乎日月之上""而使贪夫廉，懦夫立"，"云山

范仲淹纪念馆

苍苍，江水泱泱；先生之风，山高水长"更是成为千古绝唱。

　　品性高洁的范仲淹忧民爱民、倡廉戒奢，想方设法救民于水火之中。明道二年，京东和江淮一带发生旱灾和蝗灾，百姓大量流亡。身为右司谏的范仲淹受命安抚灾民、安定民心。所到之处，范仲淹开仓赈灾，并报请朝廷免除灾区部分赋税，减轻民众负担，使灾民得以休养生息。据《续资治通鉴》记载："饥民有食乌昧草者，撷芊进御，请示六宫贵戚，以戒侈心。"为了劝诫挥霍百姓血汗钱的皇室，范仲淹将太平州饥民所食的野草"乌昧草"献给仁宗，并谏言将野草在皇宫中传递相看，以警示后宫妃嫔戒奢侈、崇节俭。

　　范仲淹大力宣扬"清白而有德义，为官师之规"，将越州卧龙山西北凉堂命名为"清白堂"，并作《清白堂记》，以"井德"喻"官德"，称赞井水"所守不迁""所

水
利千秋　廉润初心
——浙江治水历史人物廉洁故事

施不私"，清白而有德义，可以做为官者为师者的楷模，寄语登临此亭、居住此堂的官员，要坚守"清白"，不要辱了清白泉之名。这给当时贿赂成风的官场注入一剂清风良药。

范仲淹 61 岁任杭州知州，虽年迈体衰、身心俱疲，却始终出淤泥而不染。刚到杭州时，范仲淹的子弟、好友纷纷劝他在杭州或购或建宅第园林作为退休养老居所，他听后却一口回绝："人苟有道义之乐，形骸可外，况居室乎？"范仲淹认为，人如果有道义的快乐，身体都可以不要，何况是住的房子。

来杭州第二年，面对"两浙路大饥荒，道有饿殍，饥民流移满路"的严峻形势，范仲淹没有延用开仓赈粮的常规救灾之法，而是首创了以工代赈的救灾模式，推行"荒政三策"，变被动救灾为主动兴利。当时，他纵民出游竞渡，号召诸寺大兴土木，修建官厩仓舍，力倡公私兴工造作，同时抬高粮价，大开城门，以吸引各地粮食涌向杭州，进而促成粮价回落。这些高明之举，条条奏效，"是岁，惟杭州安然，民不流徙。"杭州人民为纪念范仲淹的惠政，在孤山建起"范文正公祠"，在梅登高桥建起"范府君庙"（范明王庙）。他在杭州任职不足两年，百姓有口皆碑，"里巷之人，皆知其名字"。

范仲淹不但自己节俭奉公，居官清廉，对子女也十分严格。他任参政知事后，可谓位高权显、薪高禄厚。有一天，他召集子孙儿女来到庭堂，当看到满堂儿孙一个个衣着朴素、袖藏经卷时，心里很高兴，并告诫子孙"贫贱时，无以为生，还得供养父母。吾之夫人亲自添薪做饭。当今吾已为官，享受厚禄，但吾常忧恨者，汝辈不知节俭，贪享富贵"，子孙们点头称是。

范仲淹的次子范纯仁结婚，范仲淹主张一切从简。有人说其儿媳妇将饰以锦罗帷幔，范仲淹大不高兴，立即传训其子说："罗绮岂帷幔之物耶？吾家素清俭，安得乱吾家法！敢持归吾家，当火于庭！"最后，范仲淹的儿子儿媳妇不得不朴素、清简地成亲。纯仁深有体会地说："惟俭可以养廉，惟恕可以养德。"

南宋汪藻《祠堂记》还记载了范仲淹"治狱廉平"的故事："公以进士释褐，为广德军司理参军，日抱具狱与太守争是非。守数以盛怒临之，公不为屈。归必记其往复辩论之语于屏上，此去，字无所容。贫止一马，鬻马徒步而归。非明于所养者能如是乎？狱官有亭，以公名之者旧矣。公既登仕版，始迎其母以养。"

范仲淹常带已结案件卷宗与太守争论，太守常因受到质疑恼羞成怒，范仲淹却不为太守的怒气所屈服，回去前一定会把他和太守关于案件的反复争论记录在大堂的屏风上。天禧元年，范仲淹因为治狱廉平，执法刚正不阿，升职为文林郎，并被调任为集庆军节度推官。在该职位上工作的五年间，范仲淹克勤克俭，离任时竟然连路费都拿不出来，只能在城中集市把仅有的一匹马卖了，带着母亲一起步行去新的地方赴任。

天下为公 千古垂范

范仲淹每到一处任职，都兴教办学，如其奉命移知苏州时，在南园购地创立了苏州府学，并聘请胡瑗来苏州讲学；做润州知州时，"载新庙学，置田养士"，扩建了州学，并写信邀请著名学者李觏来润州执教；调任越州后，大兴办学之风，郡内"多自置学，聘名儒主之"，越州人民建"希范亭"纪念他，又在亭前立牌坊，题"百代师表"，褒其兴学之功。范仲淹还首创赡济族人的田庄，名为"范氏义庄"，订立专门的管理办法《义庄规矩十三条》，对口粮、衣料、嫁娶费用、丧葬费用、科举费用等众多问题的赡济做出规定，并设有专人管理义庄。范氏义庄延续800多年，一直到清末都不曾中断，成为各地设置义庄的典范。清代冯桂芬说："惟宋范文正创为义庄，今世踵行，列于旌典。"

范仲淹一生起伏跌宕、三起三落，但自始至终拥有"先天下之忧而忧，后天下之乐而乐"的高洁品格，其一生先后在政治、文学、教育、治水等众多领域取得了非凡的成就。欧阳修评其"公少有大志，每以天下为己任"。吕中说："先儒论宋朝人物，以范仲淹为第一。"《宋元学案·序录》云："高平（范仲淹）一生粹然无疵，而导横渠以入圣人之室，尤为有功。"王安石评价范仲淹"一世之师，由初起终，名节无疵"。据统计，全国建有范公祠50余处，从一个侧面也说明了范仲淹对后世的巨大影响。

参考文献

[1] （元）脱脱，等 . 宋史 [M]. 北京：中华书局，1985.

[2] 《浙江通志》编纂委员会 . 浙江通志·水利志 [M]. 杭州：浙江人民出版社，2021.

[3] 王如高 .100 位水利名人 [M]. 南京：河海大学出版社，2009.

[4] 郭文佳 . 范仲淹爱民活动浅论 [J]. 殷都学刊，2002(04).

[5] 朱季康 . 范仲淹与义庄义学的流行 [J]. 天津市教科院学报，2021(02).

治水鞠躬尽瘁　为官清白如泉——范仲淹

锐意创新重治水
勤政爱民得民心
——王安石

　　王安石（1021—1086年），字介甫，号半山，临川（今江西抚州市临川区）人，北宋著名的思想家、政治家、文学家、改革家。王安石于1021年12月18日出生，卒于1086年5月21日，历任扬州签判、鄞县知县、舒州通判等职，政绩显著。庆历七年（1047年），王安石改任明州鄞县（浙江宁波）知县，在鄞县期间，王安石践行了为官一任、造福一方的理念。

　　王安石的改革大业始于鄞县，兴修水利、贷谷于民，延请名师、兴办学校等成功的实践使得鄞县变得昌盛起来。王安石变法中最主要的内容便是推行水利法、青苗法、保甲法。鄞县是王安石探索政务治理改革的试验田、谋划社会发展的出发地。王安石改善了鄞县人民的生存环境，促进了当地经济繁荣、社会发展。

　　鄞县位于今天的浙江宁波市，濒临大海。在北宋时期，由于距离国家政治中心较远，属于偏僻落后的地区。

　　王安石上任期间，对水利尤为上心。在他上任当年，鄞县就遭遇大旱。王安石不顾舟车劳顿，亲自下乡进行实地考察。他得知，该地在五代吴越国统治时，一直很重视水利事业，并设有专门的官吏，每年都会对一些河流沟渠进行疏浚治理，同

时也会修建一些储水的水库以便于河流水道通畅，因此鄞县一直能够抵御比较大的水旱灾害。

然而，从宋朝以来，鄞县水利失修，部分水道已经完全堵塞。夏季干旱时期，水道不再有蓄水能力，干涸情况非常严重，间接影响到了庄稼的灌溉，百姓的生活也受到极大影响。了解情况后，王安石就给上司——两浙转运使杜杞上书《上杜学士言开河书》，请求治理水道。成功获批后，王安石带上官吏随从，到全县各地实地考察。他要求大家把河流沟渠的分布情况和现状重新调查清楚，以便根据实际情况，制定出最有效而又最节省的兴修水利工程的方案。一切准备就绪后，他调动境内乡民疏浚水道。王安石带着两名随行人员，亲自到各地去查看乡民的工作，亲力亲为。这次督察指导工作所走的路线，皆被王安石记录在《鄞县经游记》中。

此次兴修水利最有代表性、最突出的政绩当属疏浚东钱湖。在唐宋之际，东钱湖曾多次被修治。但在庆历年间，东钱湖年久失修，淤积严重，导致河床上升，蓄水量减少，天旱时，就会丧失灌溉机能。王安石决定将疏浚东钱湖作为一项重点工程，对东钱湖进行重点治理。他组织率领全县十余万民工，除葑草、浚湖泥、立湖界、置碶闸和陂塘，筑七堰九塘。经全面整治后的东钱湖能"灌田五十万亩"，从此"七

105

忠应庙（王安石庙）

乡邑受沾濡""虽大暑甚旱，而卒不知有凶年忧"，从根本上解决了周边的水利灌溉难题，使东钱湖重新成为造福于民的"万金湖"。

同时，王安石还带领百姓修海塘，"起堤堰，决陂塘，为水陆之利"，创造了"王公塘模式"。俞信芳执笔的《王安石与鄞县》一书，对陂塘有详细解释，书中引用《中国海塘工程简史》内容，称王安石为鄞县令，创筑鄞县石塘，呈斜坡式，一改过去直立塘式，后称荆公塘或王公塘。据乾隆《镇海县志·水利》载："王公塘在二都，上达县城，下过穿山，塘起于孔野岭下自西而东，横亘以阻海潮。为镇海海塘肇始。"也就是说，王安石创造的陂塘，打破了传统的直立式，采用塘身向外呈斜坡状的方式，以消减潮势，这样更科学，抗潮能力更强。而"决"，又采用了鄞县人民发明的"碶"

来实现，起到蓄淡水阻咸水的作用。

史书记载"是年，鄞县大旱"，百姓生活极为困苦。王安石大胆提出组织民众"大浚治川渠"的施政方略，这一方略记录在其《上杜学士言开河书》中。在王安石的率领下，各乡民众积极响应，兴起治水热潮，该年全县兴修水利设施达 21 处。

在消除水隐患后，王安石还在当地推行青苗法，解决了当地百姓的温饱问题。每年青黄不接的时候，是佃农们最困难的时候。佃户一边没粮吃，一边还要下田种植秧苗。许多佃农只好借高利贷，苦不堪言。王安石就以轻微利息把粮食贷给农民，约定秋后归还新粮。他还整顿户籍，试行保甲制度。

王安石庙内景

王安石在鄞县推行的水利、青苗、保甲政策的改革实验，都获得了成功，为他以后推行全国性的变法，积累了初步经验。可以说，担任鄞县知县是王安石人生的一个转折点。

王安石离开鄞县数年后，仍旧念念不忘鄞县的这段生活和从政经历，依然怀念鄞县的山山水水，曾作诗《忆鄞县东吴太白山水》道：

孤城回首距几何，忆得好处长经过。

最思东山湖树霭，更忆山春秋水波。

三年飘忽如梦寐，万事感激徒悲歌。

应须饮酒不复道，今夜江头明月多。

鄞县人民对王安石更是念念不忘。在县衙内（当时在开明坊）、广利寺（今育王寺）均建有荆公祠，在北仑大碶镇还有"王公塘"，穿山有"小斗门"等故迹。现在，在宁波东钱湖边忠应庙内，人们建了王安石纪念馆来表达对其的怀念。"王安石纪念馆"原匾名由书坛泰斗沙孟海先生题写。馆内有不少著名书法家题词的匾额，如中国美院教授刘江题的"文明世则"、凌近仁先生题的"勤政爱民"等。

东钱湖畔谷子湖一角还有一座王安石公园。该公园建于 2000 年，2009 年又进行了景观的升级改造，并改名为半山忆·湖滨公园。如今的公园内，建有王安石治湖石刻群像、半山亭、鄞女亭等，并增设了安石魂雕塑、水利文化特色雕塑和文化墙等景观。

王安石虽然只在鄞县任职了三年，却以他的勤政廉洁赢得了鄞县人民永远的尊重与怀念。

————

参考文献

[1] （宋）王安石. 王安石文集 [M]. 北京：中华书局，2021.

[2] 仝相卿. 北宋墓志碑铭撰写研究 [M]. 北京：中国社会科学出版社，2019.

[3] 叶昌炽. 语石 [M]. 杭州：浙江大学出版社，2018.

[4] 包伟民，刘后滨. 唐宋历史评论 [M]. 北京：社会科学文献出版社，2018.

[5] 刘诚龙. 王安石三不爱 [J]. 党的生活，2022(04).

[6] 闫敏歆. "野狐精"王安石带给北宋和当下书法圈内外的灾难与财富 [J]. 中国书画，2022(02).

[7] 朱虹. "文章节行高一世，道德经济为己任"：北宋名相王安石述论 [J]. 南昌师范

学院学报，2022(05).

[8] 郑言 . 王安石的"三不爱"[J]. 工会信息，2021(02).

[9] 李华瑞 . 心系苍生、品行高洁的改革家王安石 [J]. 秘书工作，2021(05).

[10] 赵淑萍 . 治鄞千日 影响千年——写在王安石千年诞辰之际 [J]. 宁波开放大学学报，2021(03).

罗适 (1029—1101 年)，字正之，号赤城，浙江台州海游马家山 (今三门县海游街道马家山) 人，晚年迁居宁海溪南罗家村。罗适于北宋英宗治平二年 (1065 年) 进士及第，历任桐城县尉以及泗水、济阴、陈留、江都、开封县令，后擢升为提点两浙刑狱和提点京西路刑狱等。从政三十余年来，罗适为官清正，勤政为民，所任之处政声斐然，深受百姓拥戴，被誉为"罗青天"。罗适不仅是一位为民兴利除弊的清廉好官，还是一位治水功绩卓著的水利名家。他首开台州造闸的历史，还曾在多地疏浚河道，兴建水利工程，促进农业发展，造福一方百姓，多地为其建立生祠，将这位鞠躬尽瘁的廉吏能臣铭记于心。

从桐城到陈留，革陋习、除弊风

罗适自幼家境贫寒，然好学不辍，"拾薪代灯烛，鬻衣买诗书"，执经叩问，转益多师，学业精进。宋英宗治平二年 (1065 年)，罗适进士及第，授安徽桐城县尉。当时桐城地瘠民贫、风化未开，罗适上任伊始，正值时疫肆虐，但由于迷信巫鬼的观念和缺医少药的现实，感染疫病的百姓不肯就医而独信巫术，以致死者接踵，惨

罗适

不忍睹。罗适便决定以医制巫，用科学观念教育邑人，革除当地信巫不信医的陈俗陋习。罗适亲至四乡调查后，召集桐城群巫，怒斥以巫治病的骗术，勒令焚巫所、毁巫像、禁巫医，杜绝信巫不信医的源头。禁巫的同时，罗适筹措资金召请名医设药局、汇良方，免费为贫民诊治，并躬身钻研医术，发动众医家研究疫病的起因和治疗方法，主持编校治疗瘟疫的医书《伤寒救俗方》，并将药方刻石勒碑，广告天下，以示后用。罗适还出私俸买药救济贫病交加的民众，通过施药救民，医治逾万患者。在一系列禁巫兴医的有力措施下，桐城瘟疫得以遏制，陋习得以革除。罗适离任时，桐城百姓对其感激涕零，皆颂其德："孰活我命？父母罗令。"

熙宁元年（1068年），罗适调任山东泗水县令。泗水县位于泗水上游，水患频发，旷地数万，以致百姓流离失所。罗适到任后勘察山川地势，分析水患之由，谋划水利之事，发动县民筑堤建闸、开渠排水，变荒田为良田，招徕外出逃荒者返乡耕种，使数千户家庭得以安居乐业。户部使者欲趁机渔利百姓，被罗适严词相拒。后罗适转调曹州济阴县，由于触犯权贵，奏劾罢官。济阴父老哭诉相留者竟达万人，朝廷明察隐情，后复官如初。不久，罗适又调到开封府陈留县，兼摄开封府巡院，负责管理府内刑狱案件。当时司法官员玩忽职守，关押无辜，敲诈勒索，敛财无度。有钱者逍遥法外，无钱者长年羁押，赏罚不明，冤案无数。罗适到任后，惩治黠吏，罢免庸职，亲自审理积案，为冤狱者平反归名，把无辜者释放回家，一改陈留司法界积弊之风。

在江都任上，兴水利、恤民情

元丰元年（1078 年），罗适徙任扬州江都县令。江都近长江，水患频频，田地荒芜，百姓深受水患之苦。罗适请教治水经验丰富的苏轼，采用疏浚与筑坝相结合的方法，率领民众兴修水利，修复年久失修的大石湖水域，改名为元丰湖，广袤数百步，灌溉良田千有余顷，是岁大熟，粮食亩产成倍增长。经此一举，远近百姓又纷纷请求修复圩塘沟渠，罗适广听民声，一概应允，并亲至其地，动员和组织百姓修筑大堤以防海潮侵袭，疏通涝水排入长江。罗适先后兴复不同规模的水利工程五十五处，灌溉良田六千余顷，自此江都多年水患基本消除，连年丰熟，民享其利。江都百姓欢欣鼓舞，均奔走直呼："生我黎民罗青天！"

罗适在处理诉讼案件时以诚心待民，以公正办案，是非曲直均亲自在大庭广众之下当面问清，作出裁决，从不推给下属官吏。罗适抓住一些小过失进行教诲感化，从不徇私枉法，因此当地案件日见减少，政通人和的景象逐渐显现。公务之余，罗适还赴郊外各地视察，深入民间访贫问苦，所到之处便"召其耆老，问以疾苦及所愿"，对于鳏寡孤独失去住所之人，必定设身处地想办法妥善安置。有人讥笑罗适事必躬亲太过劳累，他却说："与其委托下属办理，百姓如有不尽之情，哪有自己耳闻目睹来得真实呢？"罗适还慷解私囊，营制药剂，供给患病的贫苦百姓，治愈者不可胜计。

罗适在江都任职期间，朝廷议定"盐法"，使者欲乘机强加于民，各县皆屈服实行，唯独罗适以此法不合江都为由不予实施。此乃忤逆抗上之举，人人尽为其担忧，罗适却坦然道："为国爱民，令职也，纵得罪何憾？"后以无事而寝。爱民如子的罗适，关心民瘼，兴利除弊，"居数月，政化大行。"罗适调离江都时，百姓众星捧月，万人相送。因感念罗适之功，江都百姓在法华寺为其建生祠，请著名学士秦观撰写《罗君生祠记》以示甘棠之爱，称颂其为"风节凛然，国士也"，该碑记至今仍存扬州江都区邵伯中学院内。

为两浙刑狱，建水闸、除纠纷

宋哲宗元祐七年（1092 年），罗适回到了阔别二十六年的故乡，任提点两浙刑狱，巡行浙东，至于黄岩。黄岩位于广袤的温黄平原，以三大官河（由于是地方官府组织开凿的人工水道，故称官河）为主干的人工水道的开凿，构建起发达的河网水系，从而使黄岩成为繁华富庶的江南粮仓。罗适到任后，详查黄岩水利，发现黄岩依山濒海，地势西高东低，常受山洪和海潮侵袭，易涝易旱；当地大多以埭这种水利设施蓄水灌溉，但埭堰"颇为高田之利，而下田病之"，造成上下游农民常因埭堰蓄水问题发生纠纷，引起械斗事件。罗适深知台州水利以黄岩最为紧要，经过精心谋划，决定改埭为闸，在河道分段筑堤建闸，通过闸门的启闭实现蓄水调水、防涝抗旱的功能，从而有效解决高低田之间水量不均的矛盾。

年逾花甲的罗适亲自主持工程，带领百姓修建台州最早的六座水闸：常丰、清混、石湫、永丰、周洋和黄望；疏浚灵山、驯雉、飞凫、繁昌、太平、仁风、三童、永宁等八乡的官河河道共计九十里，沟通大小支流九百余条，计长七十五万丈。从此，海潮受阻，河渠畅通，排灌两宜，七十多万亩良田受益，温黄平原初步形成了较为完整的河网蓄泄系统。自此，黄岩"所出稻米甲于一州""黄岩熟、台州足"的民谣也逐渐流传于世。罗适通过兴修水利，不仅促进农业发展，改善了民生，而且解决了上下游之间的矛盾纠纷，维护了社会稳定。在黄岩建闸的同时，罗适还传檄宁海，令改大溪水道，使其流进县城以便利民生。

当时黄岩民贫无粮，为了安定人心，他来不及上奏朝廷即开常平仓贷助百姓，然朝廷念他恤民为国，从轻处理，遂移京西北路提点刑狱，即所谓大宋提刑官。当时地主权贵横行不法，草菅人命，已成顽疾，历任官吏则噤不敢言，罗适赴任后知难而上，严肃法纪，惩恶劝善。汝州土地纠纷，虽数易其官，亦未能裁决，罗适以王安石"方田法"丈量土地，按土地肥瘠征收赋税，遂平息事端，安定民心。"事无小大，罔不伤举。教条所下，吏服民听。"宋哲宗专颁敕书慰谕，褒扬其"廉平出于天性，视民苦疾，如在于己"，名列"元祐名臣"。后罗适奉敕文归故里，于宁海南门建"宝敕堂"供奉。

元符二年（1099 年），罗适 71 岁告老还乡，朝廷加封其为"朝散大夫"，服五品。还乡后，他仍念念不忘家乡的水利建设，积极参与疏通城北颜公河工程，重修桐山石桥，殚精竭虑，直至终年。徽宗建中靖国元年（1101 年）农历八月十六，罗适无疾而终，归葬海游马家山。为弘扬乡贤，保护古迹，1988 年经三门县人民政府批准，罗适墓被列为县级重点文物保护单位。

罗适一生，历宋仁宗、宋英宗、宋神宗、宋哲宗、宋徽宗五朝，辗转十任，"五县真宰，两浙名贤"，每到一方皆以爱民为己责，以治水为己任，堪称清官廉吏的光辉典范，被世代推颂，明朝大儒方孝孺编纂《洪武宁海县志》，赞评罗适"循声茂绩、为吾宁有宋名家第一"。

参考文献

[1] 中华罗氏通谱编纂委员会 . 中华罗氏通谱（第五册）[M]. 北京：中国文史出版社，2007.

[2] 政协三门县文史资料委员会 . 三门文史资料（第五辑《罗适史料》)[G]. 三门：政协三门县委员会文史组，1991.

[3] 莘草，扶桑 . 一心为民的北宋政治家罗适 [J]. 宁波通讯，2005(10).

[4] 张庆山 . 秦观撰《罗君生祠记》碑文考略 [J]. 文学教育（上），2008(3).

科技赋能治水 为民青史永留
——沈括

沈括（1031—1095年），字存中，号梦溪丈人，杭州钱塘县（今浙江杭州）人，北宋政治家、科学家。嘉祐八年（1063年），进士及第，授扬州司理参军。宋神宗时参与熙宁变法，受王安石器重，历任太子中允、检正中书刑房、提举司天监等职。元丰三年（1080年），出知延州，兼任鄜延路经略安抚使，驻守边境，抵御西夏，后因永乐城之战北宋惨败而受牵连被贬。晚年移居润州（今江苏镇江），隐居梦溪园，创作了中国科学史上的重要著作《梦溪笔谈》。绍圣二年（1095年），因病辞世，享年六十五岁。

纵观整个中国古代文化史，沈括是鲜有的既能在政治领域功勋卓著，又能在科学研究上成就非凡的通才。作为一名科学家，沈括不仅致力于科学研究，还是一位亲力亲为的治水能臣和水利专家。在治水方面，沈括一生与水利事业有着不解之缘。早在至和元年（1054年），沈括任沭阳县主簿时，就主持过治理沭水的工程。沭阳可以说是沈括从政和治水的重要起点。据《宋史》记载，"括新其二坊，疏水为百渠九堰，以播节原委，得上田七千顷。"当时沭水堤岸年久失修，河道淤塞，每逢汛期便泛滥成灾，两岸百姓深受其害。沈括经过实地勘察，合理规划，精心组织，先后带领当地百姓疏通了一百多条灌溉水渠，修筑了九座坚固的防洪堤堰，做到汛期可以抗洪，涝时能够排水，旱时能够灌溉，根治了沭水的多年水患，促进了当地的农业生产，也赢得了百姓的爱戴。"百渠九堰今安在，主簿丰碑亭下留"，现在的沭阳县沭水之畔修建有沈公亭，亭下立有沈括纪念碑，悠悠沭水流淌不息，沈公之名青史永留。

嘉祐六年（1061年），沈括为准备科举考试，投奔任职宁国县令的兄长沈披。北宋初年，一次特大洪水冲毁了芜湖境内的秦家圩，使得芜湖地区经常发生水患，严重影响农业生产。沈披受命修筑芜湖万春圩工程，治水经验丰富的沈括便建言献策，兄弟二人共同负责修圩工程。在沈括的亲自勘察、设计、指挥下，调动了周邻八县一万余民工，经过九十多天的辛苦奋战，最终筑成了一道"博六丈，崇丈有二尺，八十四里以长"的新圩堤——万春圩。堤上设有五座堰闸，可以控制水流蓄泄。堤外筑有缓坡，堤下种植杨柳、芦苇以抗风浪。堤内垦辟上千顷能排能灌、旱涝保收的良田。万春圩的建成，不仅减轻了芜湖地区老百姓的水患之苦，还大幅度地增加了农民的粮食收入。同时沈括还及时总结兴修万春圩的经验，写下了《圩田五说》和《万春圩图记》等科学著作，成为我国记载修圩建堤的最早历史文献，其因地制宜、富于创见的治水思想至今仍有参考价值。南宋著名诗人杨万里曾写诗赞颂过万春圩这一水利工程："圩田岁岁续逢秋，圩户家家不用愁。夹路垂杨一千里，风流国是太平州。"今天，当你踏进万春圩，阡陌纵横、沟渠交错的古时水利工程依旧可辨，让人不由感叹沈括治水的不朽功绩。

北宋时期，江淮、湖浙等南方地区的钱粮物资都由汴河运往都城汴京，汴河便成为北宋王朝的黄金水道和政治命脉。据《宋史》记载，"国家于漕事至急至重。然则汴河乃建国之本，非可与区区沟洫水利同言也。"由此可见，汴河的重要地位不言而喻。为了保证汴河航运的畅通，北宋一直采取"专恃河水灌汴"之策，引黄河水入汴河，保障水流的稳定和充足。但长此以往，黄河的大量泥沙也在汴河中堆积，河道逐渐淤塞。在沈括之前，由于官员疏于治理，汴河长期得不到疏浚，不仅正常航运无法保证导致漕运中断，而且河床不断提升以致成为地上悬河，沈括在《梦溪笔谈》中形容："自汴堤下瞰，民居如在深谷中。"每到汛期，淤塞的汴河极易发生重大水患，疏浚整治汴河成为当时迫切需要解决的问题。

熙宁五年（1072年），治水才能出众的沈括奉命主持汴河疏浚工程。沈括在对汴

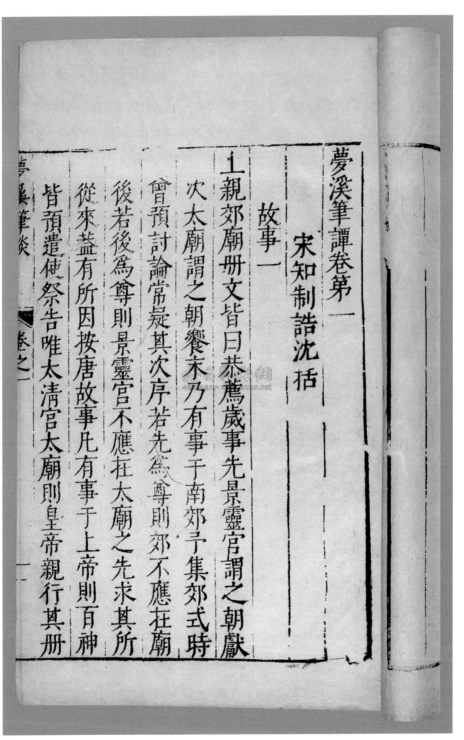

夢溪筆譚卷第一

宋知制誥沈括

故事一

上親郊廟册文皆曰恭薦歲事先景靈宮謂之朝獻
次太廟謂之朝饗末乃有事于南郊予集郊式時
曾預討論常疑其次序若先為尊則郊不應在廟
後若後為尊則景靈宮不應在太廟之先求其所
從來益有所因按唐故事凡有事于上帝則百神
皆預遣使祭告唯太清宮太廟則皇帝親行其册

夢溪筆談　卷之一

故事一

科技赋能治水　为民青史永留——沈括

河沿线进行多次实地考察的基础上，整理出汴河的水流速度、河床的深浅程度、两岸的地势高低等大量有价值的数据，并有针对性地制定出了治理汴河的工程方案。沈括将整个汴河治理工程分成三个阶段。第一个阶段是组织民力全力疏通汴河，将河底沉积多年的淤泥挖出，恢复汴河的航运功能。第二个阶段是对汴河两岸的土地进行改造，将疏浚河道挖出的淤泥平堆在两岸的盐碱地上，采用淤田之法将贫瘠的土地改造成肥沃的良田。沈括通过实施淤田法，在汴河两岸增加了17 000多顷耕地，使大批失地农民有田可种，同时有效增加了朝廷的赋税收入。第三个阶段是将原先作为汴河主要水源的污浊多沙的黄河水截断，重新开凿渠道引清澈的洛河水入汴河，有效防范汴河的再次淤塞。这种方法也为后代治理运河所借鉴，如明代潘季驯"蓄淮刷黄，以清释浑"以保漕运的治运方略，便可以看到沈括引洛入汴的影响。

沈括治理汴河的一个创举是发明了"分层筑堰测量法"。他亲自测量了汴渠下游从开封到泗州淮河沿岸共840多里河段的地势，以"分层筑堰法"测得其间地势高度相差十九丈四尺八寸六分（即63.3米）。这种地形测量法，是把汴渠分成若干段，分层筑成台阶形的堤堰，引水灌注入内，然后逐级测量各层堤堰的水平面高度，累计相加各段高度之差，总和就是开封和泗州间的实际地势落差。这种开创性的测量高程的方法，在世界水利史上堪称创举。竺可桢在评价沈括首创的这一测量地形的方法时说："其所用之尺，虽未必精密，但计高度至于分寸，可见其行事之不苟且。欧洲古代，希腊虽曾测海岸之远近，罗马盛时亦有测量街道之举，但地形测量在括以前则未之闻。"

就在沈括治理汴河的时候，杭州于潜县令郏亶上疏，称"苏州环湖地卑多水，沿海地多干旱"，希望修筑圩堤，治理水患，朝廷采纳了这一建议。王安石再次向神宗力荐沈括出任两浙察访使，巡察两浙农田水利。沈括赴任后深入基层，详细考察，发现水利存在的问题便及时加以解决，兴利除弊。如在常、润二州，看到堤防川渎大多湮废，便采取"以工代赈"的方法招募饥民兴修水利；在苏、秀二州，对松江的太湖至海一段河道的疏浚进行指导；在温、台、明等州，主持修建堤堰，保护东部临海的田地。这些水利工程对两浙农业生产的发展带来了积极深远的影响。

沈括晚年定居润州（今镇江）梦溪园，潜心科学研究，全力著书立说，编著了

水利千秋 廉润初心
——浙江治水历史人物廉洁故事

闻名中外的科学巨著《梦溪笔谈》。《梦溪笔谈》为沈括毕生实践总结，内容涵盖天文、历法、数学、物理、化学、生物、地理、地质、医学、文史、考古、艺术等方面，共 600 条，堪称一部百科全书式的著作。英国科学家李约瑟称该著作为"中国科学史上的坐标"，称沈括为"中国整部科学史上最卓越的人物"。《梦溪笔谈》中的水利部分，多是他在治水活动中的真知灼见以及劳动人民实践经验的科学总结，体现出了极为可贵的科学求真精神。为了纪念这位世界闻名的中国古代科学家，1979 年 7 月 1 日，中国科学院紫金山天文台将该台 1964 年发现的一颗小行星 (编号 2027) 命名为"沈括"。斯人已逝，但星光永存，青史永驻。

————

参考文献

[1] 宋永森 . 沈括在水利发展史上的贡献 [J]. 水利天地，1991(03).

[2] 华红安 . 沈括与水利 [J]. 水利天地，2005(04).

[3] 司国良 . 沈括修建万春圩 [J]. 中国水利，2007(08).

[4] 《杭州市水利志》编纂委员会 . 杭州市水利志 [M]. 北京：中华书局，2009.

[5] 王如高 .100 位水利名人 [M]. 南京：河海大学出版社，2009.

[6] 李颜岐 . 沈括：一个通才的治水路 [J]. 中国三峡，2016(09).

[7] （宋）沈括，撰 . 诸雨辰，译注 . 梦溪笔谈 [M]. 北京：中华书局，2016.

[8] 姜师立 . 沈括与北宋大运河 [J]. 档案与建设，2022(01).

城市水利实干家
勤政爱民两袖清
——苏轼

苏轼 (1037—1101 年)，字子瞻，号东坡居士，眉州眉山 (今四川省眉山市) 人，北宋文学家、书法家、美食家、画家。嘉祐二年，苏轼进士及第，后在多地辗转为官，官至礼部尚书。他为官一地，造福一方，是兴修城市水利的实干家，在徐州、杭州、颍州、惠州、广州、琼州等多个城市留下了治水佳话。

治城先治水 得心先安民

兴治水利是苏轼实现其济世救民理想的主要举措，他一生都在关注水利建设，多次参与抗洪救灾、治理湖河、整顿漕运等治水实践，是一位关心民瘼的城市治水专家。"吾在是，水决不能败城。"苏轼最早治水是在徐州任上，后来他在杭州、颍州、惠州等地任上，都主持或参与修建了水利工程，留下了诸多令人流连忘返的"西湖"美景，以及"东坡处处筑苏堤"的美名。

苏辙《栾城集》记录了苏轼在徐州任职期间的治水故事："(苏轼) 自密徙徐。是岁，河决曹村，泛于梁山泊，溢于南清河。城南两山环绕，吕梁百步扼之，汇于城下。涨不时泄，城将败，富民争出避水。公曰：'富民若出，民心动摇，吾谁与守？吾在是，水决不能败城。'驱使复入。公履屦杖策，亲入武卫营，呼其卒长，谓之曰：'河

杭州苏东坡纪念馆

将害城，事急矣，虽禁军，宜为我尽力。'卒长呼曰：'太守犹不避涂潦，吾侪小人，效命之秋也。'执梃入火伍中，率其徒持畚锸以出。筑东南长堤，首起戏马台，尾属于城。堤成，水至堤下，害不及城，民心乃安。然雨日夜不止，河势益暴，城不沉者三板。公庐于城上，过家不入，使官吏分堵而守，卒完城以闻。复请调来岁夫，增筑故城，为木岸，以虞水之再至，朝廷从之。讫事，诏褒之，徐人至今思焉。"

据该文记载，苏轼任徐州知州三个多月，黄河自澶州曹村（今濮阳县陵平）一带决口，由此改道南徙，洪水直冲徐州城而去。很快，滔天洪水包围了徐州城，最高水位竟高出城中二丈八尺。苏轼曾作诗《九日黄楼作》："水穿城下作雷鸣，泥满城头飞雨滑。黄花白酒无人问，日暮归来洗靴袜。"城中百姓惊恐万状，富商大贾争相逃离。苏轼说："富民们如果都出了城，就会动摇民心，那我还和谁来守城呢？只要我在，水就绝不会冲了城。"并将富民们赶回城中。他镇定自如组织全城百姓一面用柴草堵塞洞穴，一面加固城防。由于人力不足，他又趟水涉泥连夜赶到武卫营禁军驻地，请求士卒参与筑城。苏轼身先士卒，"过家不入"，坚守城头，风餐露宿。经过 70 多个昼夜的连续奋战，终于筑成护城长堤，保护了徐州城。

为防患于未然，苏轼上奏朝廷建议改临时修建的防洪堤为石墙，但未获得应允，后改用木桩进行加固。此后，这道土木之堤便被称为"苏堤"。今日，"苏堤"早已湮废，唯留下了"苏堤路"以示对苏轼治水功绩的缅怀。此外，苏轼还依五行五色理论，取"黄属土，土克水"之意，在徐州外城东门上修筑城楼，黄土刷墙名曰"黄楼"，以表达震慑水患、祈求安澜的愿望。

徐州抗洪胜利后，百姓杀猪宰牛，敲锣打鼓送到衙门。苏轼深知百姓的良苦用心，于是一一收下，指点厨师烹熟，并回赠给曾参与抗洪的百姓，这便是"东坡回赠肉"的由来。百姓食后，都觉得此肉肥而不腻、酥香美味，无不叫好。民国初年的《大彭烹事录》对回赠肉曾以诗云："狂涛淫雨侵彭楼，昼夜辛劳苏知州。敬献三牲黎之意，东坡烹来回赠肉。"

"自公去后五百载，水流无尽恩无穷"，从这次抗洪到明代天启四年的 540 年间，徐州虽不断发生水患，但因有长堤为屏，城市基本不受影响。

苏轼前后两次任职杭州，都在治水上有所建树。一次是熙宁四年，任杭州通判。

苏堤春晓

据《宋史·苏轼列传》记载，杭州原来近海，当地泉水咸苦，居民稀少。唐代刺史李泌首先引西湖水造了六口井，百姓用水充足。白居易又疏通西湖水流入运河，灌溉田地达一千顷，百姓因此殷实富裕。湖水中有很多茭白根，从唐朝到吴越钱氏，每年都疏浚治理。然而，宋代以来疏于疏浚，六口井几乎荒废，百姓不但喝水困难，还频繁遭受潮灾。茅山河和盐桥河是杭州城内的两条大河，北连大运河入钱塘江。钱塘江受海潮影响常形成江水倒灌，导致茅山、盐桥两河河道淤塞严重，河流通航、居民饮水都有问题。苏轼考察发现，解决河道淤塞需要在江河连接处建一堰闸。于是，他率军民千余人，用半年时间疏浚了河道，并在江河连接处设置了水闸，待江水涨潮时关闭，待潮水回落后开启，从此"江潮不复入市"。

　　他还带领大家通过挖沟渠、换井壁、补漏洞、疏通改造等方式，使六口井得到

城市水利实干家 勤政爱民两袖清——苏轼

了较为完善的治理。同时，把茭白根堆积在湖中，筑成南北长三十里的长堤以便通行。堤筑成后，又种了木芙蓉、杨柳在堤上，看上去就像一幅画作，杭州人称之为"苏公堤"。

元祐四年，苏轼再次来到杭州。上任知州不久，他发现六口井又近乎瘫痪，到西湖勘察后，发现湖中蔓草横生，下塘遭旱，于是决定治理西湖。他先后向朝廷上了奏章《杭州乞度牒开西湖状》《申三省起请开湖六条状》，把西湖比作杭州的眉目，并论述西湖有保障居民用水、灌溉良田、调节漕运、以湖水酿酒收税等重要作用，指出治理西湖刻不容缓，还提出了闸门之开闭、运河之河岸修补、湖上之种菱除葑、湖上新旧菱荡之课税及管理人员职责等诸多方面的具体措施。得到朝廷同意后，他立即发动百姓疏浚西湖，民众得以灌田千顷，由是殷富。《宋史·苏轼列传》说："轼二十年间再莅杭，有德于民，家有画像，饮食必祝。又作生祠以报。"

元祐六年，苏轼任颍州知州。这一年，颍州发生春涝、秋旱，百姓只得以榆皮、马齿苋维生，路上横尸遍布，"盗贼"群起。苏轼除了采取调集粮食、赈济灾民、减轻劳役等应急的救灾措施外，特别注重实施兴修水利、发展农业生产等安民护民的长远举措。在颍州任上，苏轼阻止了劳民伤财、有害无益的八丈沟开挖工程，浚治了颍州的清河和西湖。对于颍州西湖的疏浚治理，苏轼在其《再次韵赵德麟新开西湖》中描述为"千夫余力起三闸，焦陂下与长淮通"。"三闸"当为控制西湖水所建，彼时的西湖与清河、焦陂水水系通联。不仅如此，他还效仿修筑杭州西湖苏堤之举，将深挖的湖底淤泥堆成护城堤，遍植垂柳。

在苏轼被贬任职惠州期间，他主持建造了东新桥、西新桥，解决了当地的交通问题。他还为缺水的广州设计了"自来水"，用竹槽将泉水引入城中，解决了居民的饮水难问题。3年后在琼州任上，他又率民掘井汲水以防病疫。

除了积极开展治水，苏轼还撰写了《熙宁防河录》《禹之所以通水之法》《钱塘六井记》等多部水利著述。如他在《乞开杭州西湖状》中说："陂湖河渠之类，久废复开，事关兴运。虽天道难知，而民心所欲。天必从之。"论述了水利与兴废的关系。又如他在《钱塘六井记》中说："余以为水者，人之所甚急，而旱至于井竭，非岁之所常有也。以其不常有，而忽其所甚急，此天下之通患也，岂独水哉？"认为水利建设不能只看眼前利益，头痛医头脚痛医脚，而应该未雨绸缪，做长远的

东坡疏浚西湖——苏堤是怎么建成的

打算。苏轼既是一位治水实干家，又是一位水利理论家。他之所以在治水上有如此大的作为，是因为用心体察民间疾苦，深知水利兴废和政事兴衰关系密切。史家赞誉他"有德于民"。

一心为公 清廉节俭

苏轼为官 40 余年，不论是因被贬处于江湖之远，还是受重用位居庙堂之上，总是勤俭节约、反对奢侈。他在给宋神宗的奏章中讲述皇帝成功治理天下必须注意的六件事，其中很重要的一件就是讲节俭、不伤民财。有一次宋神宗要大办元宵节，购买"浙灯"四千盏。苏轼反对这样的铺张浪费，就写了《谏买浙灯状》。神宗听进了谏言，决定不再购买浙灯。

元丰三年，苏轼因"乌台诗案"被贬至黄州。由于一直为官清廉，苏轼从未存下积蓄。此时被贬，薪资大量减少，一家人的花费只靠他微薄的收入来维持，他过起了更加清苦的日子，常常粗茶淡饭、精打细算。他先把所有的钱算好平均分成12份，每月用一份；每份再平均分成30小份，每天用一小份。钱全部分好后，按份挂在房梁上，每天清晨取下一包，作为全天的生活开支。拿到一小份钱后，他还要仔细权衡，能不买的东西坚决不买，只准剩余，不准超支，积攒下来的钱，苏轼把它们存在一个竹筒里，以备意外之需要。在困境、逆境中，苏轼以勤俭节约来维持生活、渡过难关。虽然俭朴度日，苏轼依然过得有滋有味。

苏轼在《节饮食说》中说，从今往后，自己每顿饭只饮一杯酒，吃一个荤菜。若有贵客来访，设盛宴招待也不超过三个荤菜，而且只能少不能多。如果别人请自己吃饭，也先告诉人家不要超过这个标准。若人家不答应，就干脆不去赴宴。一次，一位久别重逢的老友请他吃饭，他嘱咐朋友千万不可大操大办。几天后，他应约赴宴，见酒席异常丰盛，便婉言谢绝入席，拂袖而去。他走后，老友感慨"当年东坡遭难时，生活很节俭。没想到如今身居高位，依旧本色不变"。

从《两桥诗并引》《与程正辅书》中可知，苏轼是乐善好施之人，他参与了惠州东新桥和西新桥工程的发起策划、筹款募捐、落成庆祝全过程。《东新桥》诗自注云："二子造桥，余尝助施犀带。"《西新桥》诗自注云："子由之妇史，顷入内，得赐黄金钱数千，助施。"意思是苏轼兄弟两家，为惠州修桥，主动把朝廷以前赏赐的物品、黄金捐献了出来。绍圣年间，苏轼在岭南度过六年为官岁月，所到之处吏民争相询问，父老相偕出迎。

宦海沉浮中，苏轼始终牢记祖辈教导，恪守做官原则，勤政爱民，兢兢业业，深得百姓敬仰。

参考文献

[1] （元）脱脱，等 . 宋史 [M]. 北京：中华书局，1985.

[2] 《浙江通志》编纂委员会 . 浙江通志·水利志 [M]. 杭州：浙江人民出版社，2021.

[3] 王如高 .100 位水利名人 [M]. 南京：河海大学出版社，2009.

[4] 陈伟庆 . 苏轼治水思想述论 [J]. 华北水利水电大学学报 (社会科学版)，
    2014(06).

[5] "三苏家风研究"课题组 ."三苏"家风研究 [J]. 中华文化论坛，2017(01).

疏浚湘湖润泽一方
清廉守正民思不忘
——杨时

杨时（1053—1135年），字中立，号龟山，南剑西镛州龙池团（今福建省三明市将乐县）人。北宋哲学家、文学家、政治家。杨时天资聪颖，4岁从师，8岁善诗文，人称神童。他到洛阳拜师程颐时，留下了尊师重教的千古佳话"程门立雪"。宋熙宁九年登进士第，历任徐州、虔州司法和浏阳、余杭、萧山等县知县以及无为军判官、建阳县丞、荆州府学教授、南京敦宗院宗子博士、秘书郎、迩英殿说书、右谏议大夫、国子监祭酒、给事中、徽猷阁直学士、工部侍郎、龙图阁直学士等职。杨时一生清正廉明、安贫乐道、明德修身，积极宣扬儒家传统思想和道德观念，为后人树立了榜样。杨时于南宋绍兴五年四月二十四日病逝，享年83岁。

疏浚湘湖 水润万民

《宋史·杨时传》说杨时"历知浏阳、余杭、萧山三县，皆有惠政，民思之不忘"。绍圣元年，杨时赴浏阳上任。翌年夏末初秋，浏阳县出现严重旱灾，许多农民颗粒无收，纷纷外出逃荒。杨时立即赶写《上程漕书》《上提举议差役顾钱书》，向上反映灾情，使朝廷及时拨给赈灾粮款，将官仓三千石稻谷迅速赈济灾民，缓解了灾民的苦难。

杨时

绍圣四年浏阳连降暴雨，浏阳成了"水泽之国"，大片农田被淹。杨时《上州牧书》
禀报浏阳受灾情况，请求拨粮钱赈灾和减免灾民赋庸调。

杨时最大的治水功绩是疏浚浙江萧山的湘湖。毛奇龄在《湘湖水利永禁私筑勒
石记》开篇即说："萧山湘湖，宋邑令杨公所开湖也。"

湘湖位于萧山县城以西，在先秦时期为自然湖泊，后来逐渐湮废，到唐朝末年，
湘湖内部已经被分割成若干面积不等的小湖，出现水面、沼泽、农田并存的局面。

政和二年四月，60 岁的杨时补萧山县令。此前半个世纪，萧山一直受洪涝和干旱的困扰，湘湖湮废已久，民田无以灌溉，当地无论是百姓还是官府已围绕是否疏浚湘湖争论不休。有一次，宋神宗已批准关于疏浚湘湖的奏折，在下诏征求各方意见过程中，因萧山部分富民强烈反对而作罢。

杨时将这一切看在眼里、记在心上。据张懋的《萧山湘湖志略》记载，杨时上任后，即"会集耆老暨诸富民，躬历其所，视山之可依，度地之可圩，相与计议"。杨时到萧山后，不辞辛劳辗转于山乡之间，一方面召集村中阅历丰富的老人集中了解情况，另一方面连续十余天走遍萧山有关乡邑，体察民情、听取民声、实地勘察。在基层调研过程中，无论是百姓还是乡绅，向杨时普遍反映的最大问题就是，旱灾导致粮田无收、用水困难，只有将湘湖重新疏浚，问题才能解决。

经过夜以继日的调查分析、精心谋划，杨时最终汇集多方意见，决定疏浚湘湖，筑堤蓄水。此事一经传开，引发当地百姓极大反响，大部分乡民拥护杨时，希望尽快筑堤蓄水养田，但部分乡绅坚持废湖复田。杨时力驳废湖之议，将乡绅私占湖田清理，决定"视山可依，度地可圩，以山为界，筑土为塘"，具体则是"筑两塘于南北，一在羊骑山、历山之南；一在菊花山、西山之足，两相拦筑，而其潴已成"。

政和四年，湘湖筑南、北两堤，废田 37 002 亩，蓄水成湖。湘湖西南宽阔，东北狭窄，形状像个葫芦，长约 19 里，宽 1~6 里，周长 82 里。"邑人谓境之胜若潇湘然"，故名湘湖。37002 亩湘湖蓄的湖水，可以灌溉崇化、昭明、来苏、安养、许贤、长兴、新义、夏孝、由化 9 个乡的农田 146868 亩。也即杨时用 3.7 万亩低洼地，换取了 14.6 万多亩良田的旱涝保收。

在县尉方从礼等人的协助下，他妥善解决了涉地百姓迁徙安置、筑湖资金与技术以及由此造成的田赋之失如何弥补等一系列难题。"方田均税"，在湘湖就变成"均包湖米"，因建湖被淹的土地原缴税粮，则由周围九个乡的田户均摊，而部分农民损失的土地，则采用"输纳田土"，从别的地方调剂补偿。

湘湖完成疏浚的当晚，杨时夜游湘湖，并宿于湖边山地，赋《新湖夜行》诗一首："平湖净无澜，天容水中焕。浮舟跨云行，冉冉蹑星汉。烟昏山光淡，棹动林鸦散。夜深宿荒陂，独与雁为伴。"

湘湖远眺

此后，杨时在湘湖一带广泛传播程门理学，开江浙"洛学"之先河。清朝张伯行《龟山集序》说："自先生官萧山，道日盛，学日彰，时从游千余人，讲论不辍，四方志士尊重先生也至矣。"

湘湖筑成后，基本上解除了九乡农田的干旱问题，且"湖中多产鱼鲜，又有莼菜，可炊以疗饥"。明人魏骥《咏湘湖》记载道："百里周围沙渺茫，龟山遗爱许难忘。水能蓄潦容千涧，旱足分流达九乡。"据《萧山县志》载："政和二年，（杨时）为邑令，经理庶务，裁决如流。以民岁苦旱，开筑湘湖，以灌九乡，至今民赖其利。祀宦祠。"百姓深得湘湖疏浚之利，感恩不尽，盛赞杨时筑湖"利民及物，莫大之功"，后来还在离湘湖不远处建起德惠祠以颂其功德。

不畏权贵　勤政爱民

崇宁五年，杨时任浙江余杭县知县。当时，权臣蔡京葬母于南湖之侧，听从方

疏浚湘湖润泽一方　清廉守正民思不忘——杨时

士意见，想依仗权势蓄湖水以添墓地景色。杨时为了保全南湖功能，征询父老意见，不畏权势，揭露了蔡京专权、暴政虐民的罪行，坚决抵制了其害民之举。

宋徽宗崇宁元年，置造作局于苏州、杭州，制造宫廷所用珍巧器物。四年，又置苏州应奉局于苏州，搜罗东南各地奇花异石、名木佳果，由水路运送至京师。北宋奸臣蔡京、朱勔等为迎合宋徽宗的奢侈荒淫，大肆搜刮民间奇珍异宝，为害东南二十余年。仅朱勔主持的苏杭应奉局，用来运送奇花异石的船只就多达2400多艘。朱勔之流还乘机敲诈勒索、大发横财，百姓因此怨声载道。

杨时对这些行径深恶痛绝。他在《余杭见闻》中愤然写道："今天下上至朝廷大臣，下至州县官吏，莫不以欺诞为能事，而未有以救之！""今天下非徒不从上令，而有司亦不自守成法。……其如法何？"他批评朝廷："免夫之役，毒被海内，西城聚敛，东南花石，其害尤甚。前此盖尝罢之，诏墨未干，而花石供奉之舟已衔尾矣。今虽复早前令，而祸根不除，人谁信之？"

他主张"为政以德""爱人节用"，"节以制度，不伤财，不害民"，他还一再上疏恳请朝廷减轻农民赋税。

修身养性　清廉守正

杨时为官清廉，修身养性，家风严明。政和五年，杨时亲自编修将乐杨氏第一部《弘农杨氏族谱》，制定杨时家训十条。言简意赅，发人深省。此后各朝代杨时后裔谨遵祖训、恪守家规，以传承祖德为核心的家风也愈渐浓厚，家风文化的内涵大大丰富。明代杨氏家训为：勤耕务读，敦伦孝亲，卑无犯上，富莫骄贫，居仁由义，睦族和宗，布衣蔬食，气忍家宁。清代杨氏家训主要内容有：顺父母，睦兄弟，和宗族，完国赋，务勤俭，勤耕读，谨丧祭，慎嫁娶，安本分，禁非为，守公法，记铭言。现代将乐杨氏族谱家训32句，"十八个不准"，对忤逆不孝、兄弟阋墙、虐待子女、伤风败俗、好逸恶劳等有悖伦理的行为坚决反对，并谆谆告诫家人谨守勿忘，遵规执行。

杨时为了教育儿孙"俭以养德"，还立下家规："三餐饭蔬，不论脆甘酸苦，只要是可以吃的，就不可有所嗜好；衣服鞋帽，不论布料精细，只要合身，就不许挑挑拣拣；所处房屋，尽管简陋，只要还能居住，就应安居乐业，不要羡慕别人雕梁画栋；故山田园，先祖遗留，应该守其世业，不可增营地产，侵犯他人利益。"他还赋诗勉励儿孙："敝裘千里北风寒，还忆箪瓢陋巷安；位重金多非所慕，直缘三釜慰亲欢。"他在《勉学歌》中谆谆告诫后学者："富贵如浮云，苟得非所臧。贫贱岂吾羞，逐物乃自戕。胼胝奏艰食，一瓢甘糟糠。所逢义适然，未殊行与藏。"晚年时，杨时在故里仍笔耕不辍，著书立说，先后写成《三经义辨》《日录辨》《字说辨》等书。

南宋绍兴五年杨时辞世，葬于将乐水南乌石山麓。宋朝赐"左大中大夫"，义赠"太师""大中大夫"等封号，谥"文靖"，并在将乐龟山麓建有"龟山书院""道南祠"，宋高宗赵构为书院题名，清圣祖玄烨题匾："程氏正宗"。至今每年拜谒杨时陵墓的游人仍络绎不绝。

————

参考文献

[1] （元）脱脱，等 . 宋史 [M]. 北京：中华书局，1985.

[2] 《浙江通志》编纂委员会 . 浙江通志·水利志 [M]. 杭州：浙江人民出版社，2021.

[3] 杭州湘湖（白马湖）研究院 . 论杨时的"民本"思想 [J]. 学术论坛，2015(06).

[4] 中共杭州市萧山区委党史研究室 . 萧山记忆·第四辑 [M]. 杭州：浙江人民出版社，2011.

倾力筑海晏 廉洁自爱民

——常楙

　　常楙（？—1282年），字长孺，南宋邛州临邛（今四川邛崃）人，出生于官宦世家，曾祖父常同官至显谟阁直学士，告老后定居嘉兴海盐。常楙深受家学熏陶，明智达理，家风优良，年轻时进入太学，宋淳祐七年（1247年）考取进士，历任县尉、推官、知州、安抚使、参知政事等。常楙廉洁爱民，为人刚强，不畏权贵，任职期间从无贪赃枉法行为，不仅得到了百姓的一致称赞，就连同僚和上司也没有不钦佩他的。

　　海盐县位于南方平原地区，东临杭州湾，水网密布，地势平缓，易受台风潮浪侵蚀，海水倒灌，引发咸潮，尤其在旱季时淡水不足，危及庄稼生长，直接关系到百姓生存基本问题，是受咸潮影响的重灾区。为了解救处于水深火热的百姓，常楙向朝廷请求捐款放粮、赈济百姓，并带头兴修水利，造福大众。更可贵的是他拿出了自己的积蓄，组织人力和物力，大规模修筑土壤三千六百五十丈，称为海晏塘。在这年的秋天，风涛大作，海晏塘发挥了重要作用，百姓安居乐业，粮食也得以丰收。海晏塘的建造改变了海盐以往遭受咸潮后颗粒无收、百姓饥饿的状况，肥沃的土壤不再遭受浪潮的侵蚀和毁坏，当地百姓都纷纷称赞常楙的伟大功绩，《宋史》称赞他"公廉自持，不畏强御，部使者交荐之"。

海晏塘典型结构：明清时期鱼鳞大石塘

　　常枟的一生是"先天下之忧而忧，后天下之乐而乐"的真实写照，从小小的进士到身负要职的参知政事，他从未忘记百姓的殷切期盼，始终清廉自守，并以严厉之风整顿社会贪污腐败。

　　常枟做官，有"不爱钱"的口碑，不仅不合法的钱不要，就是超额的例钱也不要。常枟升任户部侍郎后，以集英殿修撰身份兼任平江知县。适逢天旱，按照惯例，知府可获得缗钱十五万贯，但他将这笔钱拿出来补助民食军饷之需和维修府库，并要求杜绝浪费。当时社会上有一种陋习，地方官离任后，都会得到一种叫做"送故钱"的礼金。常枟卸任知县后，他虽然收下了同僚的"送故钱"，但他用一部分来慰劳手下吏卒，剩余的则全部留下来用作后任知府办公经费。平江的官员惊呼："人言常侍郎不爱钱，果然。"常枟不受例钱的故事由此流传了开来。

　　"治国之道，爱民而已，故善为国者，遇民如父母之爱子，兄之爱弟，问其饥饿为之哀，见其劳苦为之悲。"常楙的淡泊名利和体恤百姓体现在他的一言一行中，更是将"不取不义之财，不贪无道之物"体现得淋漓尽致。

两岸青山对峙，绿树苍翠欲滴，清泉泉声潺潺，在嘉兴海盐县百步镇，古老的常坟桥掩映于层层绿波中。岁月的风霜见雪，早已模糊了桥额上所刻的建造年款。靠在桥墩上的断石，一半在水下，一半在水上。桥额上刻着"重建常坟桥"五个大字，向世人叙说着曾经的故事。常楙的身躯早已化为白骨，挺立如松的身影也早已在历史的画卷中烟消云散，但他的精神和事迹在常坟桥、史书典籍、百姓的口中代代相传。

参考文献

[1] （汉）刘向.说苑(全十二册中华再造善本)[M].北京：北京图书馆出版社，2003.

[2] （元）脱脱，等.宋史[M].北京：中华书局，1985.

[3] （明）胡震亨.海盐县图经[M].杭州：浙江古籍出版社，2009.

[4] 《浙江通志》编纂委员会.浙江通志·水利志[M].杭州：浙江人民出版社，2021.

精财政 治水患 体民情——夏原吉

夏原吉 (1366—1430 年)，江西德兴人，字维喆。夏原吉幼年丧父，在赡养母亲的同时，刻苦读书，后来被乡里推荐入了太学。夏原吉在太学读书时，勤奋好学，深得朱元璋的赏识，后升任户部尚书。他先后历经明太祖朱元璋、建文帝朱允炆、明成祖朱棣、明仁宗朱高炽和明宣宗朱瞻基等五朝，任户部尚书 27 年，恪守"君子不以冥冥堕行"，忠于职守，清廉自律，克己奉公，宽政恤民，推动了明初的政治安定与经济发展。

爱民担当有雅量

朱棣继位之后，开始清理建文朝中的老臣，夏原吉被抓了起来。朱棣虽然心狠手辣，但是对这个能干的夏原吉，不但没有诛杀，反而委以重任,让他担任了户部尚书。

宣宗时，夏原吉随皇帝出征，因为大军行动迟缓，宣宗便下令剥了他们的衣裳，让他们在寒风中受冻。夏原吉屡次进言，宣宗最终放过了他们。

夏原吉心胸宽广，待人和气，绝不会因为小事而伤人。吕震、陈瑄等人在背后说他的坏话，他从来没有和他们计较。当别人问他，你的胸襟是否可以学习时，他说：

明户
部尚
書諡
忠靖
原吉
公遺
像

夏原吉

"吾幼时，有犯未尝不怒。始忍于色，中忍于心，久则无可忍矣。"

　　有一次，夏原吉去苏州视察，旅馆的大厨把饭菜烧得太咸，夏原吉就只吃白饭，不多说一句，生怕一开口厨师就会被责罚。在府中时，下人有时弄坏夏原吉的心爱之物，担惊受怕，夏原吉知道后，非但不责怪他们，反而还会安慰他们。

　　永乐十九年，北京皇宫被大火烧成灰烬。明成祖要群臣直言，许多人写信，抱怨迁都的不便，明成祖一怒之下，将主事肖仪给杀了。朱棣让文武百官在午门前跪地质问。大臣们惊慌失措，纷纷斥责。只有夏原吉一个人站出来说"言官应诏进谏，不应有罪"。夏原吉直言后，朱棣的火气也就慢慢散了。他这种勇于承担的态度，赢得了所有人的尊重。

夏原吉为人十分谦逊，朱棣时常找他商议政事。可他从来没有向外人透露过半点风声。可一涉及财政和民生，夏原吉的态度就会强硬起来。在夏原吉看来，百姓的疾苦和朝廷的财政收入才是最重要的，所以议事时他才会和皇帝针锋相对。朱棣曾下令建造大船，由郑和带领船队出海。夏原吉率先提出抗议，认为这样太过耗费国力，对百姓不利。

明王朝休养生息三十年，国泰民安，这其中离不开夏原吉的运筹。夏原吉的计划很周密。他认为，国家没有赋税，却有足够的资源。于是他采取的措施有："裁冗食，平赋役，严盐法，钱钞之禁，清仓场，广屯种，以给边庶民，且便商贾。"清代大儒赵翼曾赞叹："历朝论理财能者，唯桑弘羊、夏原吉二人也。"

身为户部尚书，夏原吉"用度谨慎"，每年都要"劝百次奢侈"。他一心一意为国家积攒财富，节俭用财，能省就省，所以经常和兵部、工部等部门闹得不可开交，大家都叫他"夏刺头"。那个时候，"刺头"这个词是"小气鬼"的意思。

夏原吉当了 27 年户部尚书，却两袖清风，一生清廉。后人称赞他"一生清操如冰雪，五世砺节似苍松"。

理财专家来治水

夏原吉不仅善治财税，还很重视水利。自洪武 31 年起，江浙两省连续天降大雨，使人民的生命和财产遭受了严重的破坏。江浙是全国的粮库，连续多年洪水已经严重影响到了国家的粮食供应，而当地官员对此却无计可施。永乐元年，浙西大水成灾，明成祖朱棣命户部左侍郎夏原吉前往治理。夏原吉亲自去察看，发现洪水肆虐主要是因为太湖河水不畅。夏原吉效仿大禹治水方法，调集了几十万工人，在苏州河、吴淞江和黄浦江进行了疏浚，并根据季节的不同，调整闸口开关。

夏原吉不怕艰苦，终日布衣徒步，深入治水工地，现场指挥筹划，即使是盛夏酷暑、烈日当头，他也拒绝设置棚盖。有人劝说，他却道："民劳，吾何忍独适？"在夏原吉的主持下，吴淞江诸浦的疏淤工程得以完成，浙西水患得到治理，而且航道也畅通无阻。此后，上海港逐渐发展，并成为近代海运枢纽。

永乐三年，浙江发生了一场大饥荒，夏原吉受命进行救灾。在他的主持下，共赈济灾民三十万石，并分发良种、耕牛，以协助百姓重建家园。姚广孝是朱棣的得力助手，他回苏州探亲时了解到夏原吉的功德，返京后便告知了明成祖，说夏原吉是"温而不宠，威而不猛，古之遗爱也"。明成祖更是看重他。

夏原吉的一生，是充实的一生。他为浙西治水而不顾自身安危；他不畏君王，心系苍生。他的德行和功绩，永垂史册。

参考文献

[1] 洪崇恩，郑宪章，魏达嘉.苏州河的"重生"[J].生态文明世界，2022(02).

[2] 刘立祥.明代三朝"大账房"夏原吉[J].文史天地，2022(03).

[3] 肖虹.文书视域下明代白茆港的水患治理[J].南京师范大学文学院学报，2019(04).

[4] 安崇霖，章玫平.夏原吉的性格分析及当代借鉴[J].青年与社会，2019(25).

[5] 王强山.明初重臣夏原吉[J].书屋，2018(11).

[6] 钟思.浅谈夏原吉理财对明初财政的影响[J].长江丛刊，2017(03).

[7] 周杰灵，惠富平.夏原吉苏松治水得失评析[J].农业考古，2014(06).

清廉严明 治水专家——戴琥

戴琥（生卒年不详），字廷节，江西浮梁县人。他从小就热爱学习，立有报效祖国的远大志向。明代宗景泰元年(1450年)举人，因清廉，由州县地方官推举，戴琥赴京师任南京监察御史。在御史任上，戴琥不怕得罪人，如弹劾罢免在平江盗贼事件中不称职的两位重臣、上书指出南京大臣在考察下属时任性取舍的过失等。后因认真履职而于成化九年(1473年)升任绍兴知府。在绍兴期间，体恤民情，兴修水利，修缮学堂、大禹庙等，深受绍兴人民爱戴。积功升任广西左参政，边陲有盗寇骚扰，戴琥出奇兵镇守，平息患乱。当时正遇上安南（今越南）侵犯，戴琥以智取胜，使边界安定。后戴琥因病情加剧，上书请求回归家乡养老。著有《太极图说》《编定八阵图》《青峰拾稿》等。

戴琥在绍兴任职十年，官风清廉严明，对自己和下属要求严格，为百姓做了很多实事。在任期间，他疏浚宋代名臣范仲淹命名的"清白泉"。他兴办教育，要求学生认清至理要义，并身体力行。他增祀乡贤祠，修理兰亭石刻，修葺会稽宋代陵墓，设守陵人员负责洒扫。遇到水旱灾荒，戴琥就上书请求免除老百姓应缴纳的税赋。遇上疫情暴发，戴琥一定派遣医生分头去各地替百姓治疗。为消除水患，他动员百姓筑堤几十万丈，围海造田四万余亩，又建筑横塘坝，改造盐碱地为良田。他还减

少劳役，调解诉讼，剪灭盗贼，奖励尊老爱幼，救济孤苦危难，打击奸商等。当戴琥离开绍兴时，百姓不愿他离去，纷纷挽留，道路为之堵塞。

　　戴琥在绍兴最大的功绩，是组织人民兴修水利，围海造田，堪称是马臻以后的又一位地方水利功臣。戴琥主持对浦阳江与钱清江的综合治理，为此曾悉心研究浙东地形。据乾隆时期的《浮梁县志》记载，他"组织百姓修建堤坝数十万丈，围海造田四万余亩，人称'戴公堤'"。浦阳江原是钱塘江的支流，但自宋代以后常借道山会平原河道再入海，从而扰乱了整个鉴湖水系。戴琥为之加固西小江堤，并主持修筑麻溪坝，使浦阳江复归钱塘江故道，截断它与山会平原的关系，西小江三百年来的水患因此根绝。

　　南宋以来，人们致力于在杭州湾沿岸的海塘上设置涵闸，大量涵闸分布于曹娥江口到萧山东南沿海一带长约五十公里的海岸上。目的在于涨水时可以加速排水，减少对于田地的损害；在平时闭闸蓄水又可以保证对田地的灌溉以及发展水产养殖业与运输业。但是对于闸门的开启与关闭的时机掌握，是一个不易解决的难题，因为全部涵闸必须建立一个统一的管理机构，并制定一套完整的启闭制度。这首先就需要确定一个涵闸启闭的水位准则，而在科技相对落后的当时，无疑相当困难。为有效解决上述难题，戴琥经过多年的调查与实践，结合前人经验，于成化十二年(1476年)在绍兴城内佑圣观河中设立了一座测量水位的石制水则(水位尺)。水则分上、中、下三段，每一段都有尺寸刻度，并在佑圣观内立水则石碑一块，这就是"山会水则"碑。戴琥同时设置中路、扁拖、桕林、朱储四闸，使山会平原的水位能够得到科学、统一的管理。

"山会水则"碑

《绍兴府境全图记碑》

"山会水则"碑在满足四季农事的具体要求，同时兼顾航行、交通需求的基础上，刻写了水则观测及与之相应的各闸启闭和防漏的具体规定。碑文如下，"种高田，水宜至中则；种中高田，水宜至则下五寸；种低田，水宜至下则，稍上五寸亦无妨，低田秧已旺。及常时，及菜麦未收时，宜在中则下五寸，决不可令过中则也。收稻时，宜在下则上五寸，再下恐伤舟楫矣。水在中则上，各闸俱用开；至中则下五寸，只开玉山斗门、扁拖、鼋山闸；至下则上五寸，各闸俱用闭。正、二、三、四、五、八、九、十月，不用土筑；余月及久旱，用土筑。其水旱非常时月，又当临时按视以为开闭，不在此例也。"这块碑文虽然只寥寥 162 字，但对于观测水则和管理涵闸的原则，说得清清楚楚。城内水则的设置，称得上是绍兴水利史上的一大创造。对于调节山会平原的河湖水位，对不同季节、不同高程的农田耕作，对水稻与其他作物的栽种、收获以及对内河航运等方面，都作了全面的照顾。而水则本身置于远离这些涵闸数十里的府城之内，距卧龙山下的知府衙门不到一里，管理和观测都十分方便。

　　戴琥从绍兴离任前，于明成化十八年，特意制作一石碑置于知府衙门内，这就是后世著名的《戴琥水利碑》(现存于大禹陵景区的碑廊内)。整块《戴琥水利碑》分为两个部分。上半部分是《绍兴府境全图记》，其上详细绘制了经过实地勘探、测量后绘制的有关绍兴境内八县的山川水系、城池、堰闸地图，并用线条和文字对地图进行注释。下半部分则是《戴琥水利碑》的正文部分，是戴琥在离任前夕，从绍兴地区的水文特点出发，将自己多年来治水等的经验写成总结。文中详细记载了整个浙东地区，尤其是山阴、会稽、萧山三县的水利水文、地理形势及江河源流的演变发展，以及其在任职期间由于财力、物力等的限制而无法实施的一些设想。同时，戴琥寄语后任，对地方水利事业要"当作自己的家事，随时进行治理与修缮，不需要避嫌，也不要害怕别人诽谤，唯一目的就是保证河流不泛滥，从而使得百姓能够安居乐业"。令人惊奇的是，《戴琥水利碑》刻在整块碑石的阴面，阳面是明代国子监祭酒邱峻于明成化十五年所作的《重修水利记》，该文记述了戴琥兴修水利的事迹(通过碑文四周的蔓草纹装饰及作碑时间、碑文款式均可以断定《重修水利记》为碑文正面)。

　　守越十年，戴琥对绍兴水利做出了杰出的贡献。由他所作的《戴琥水利碑》既是对绍兴治水的历史总结，也是至今仍具现实价值的水利学术思想论著，是后人研究明代绍兴自然地理与水利设施的宝贵文献。

———————

参考文献

[1] 朱元桂 . 戴琥《绍兴府境全图记》碑考释 [J]. 绍兴师专学报（社会科学版），1987(04).

[2] 陈桥驿 . 戴琥"山会水则" [J]. 中国水利，1983(02).

浚复西湖　守正为民

——杨孟瑛

杨孟瑛（生卒年未详），字温甫，丰都（今属重庆）人，祖籍湖广麻城，明朝成化二十三年中进士，起初任职户部主事，虽是闲差，却认真工作，后调到刑部任职，兢兢业业，刚正不阿，办了几件大案要案，逐渐声名鹊起，先后升员外郎、云南司郎中。因办案有功、才德有加，弘治十六年任杭州知府。在治理杭州的六年时间里，杨孟瑛一直是一位体恤百姓的贤官，始终致力于解决百姓的生计问题。

明代田汝成《西湖游览志》说："西湖开浚之绩，古今尤著者，白乐天、苏子瞻、杨温甫（杨孟瑛）三公而已。"如果没有当年杨孟瑛力排众议、大力治理疏浚，就没有如今名贯中外、秀美绝伦的西湖。

蒙古铁骑南下，南宋王朝灭亡，西湖难免遭受蹂躏。据传，元代有感于南宋朝廷沉湎湖山、疏于治国，将西湖视为不祥之物，于是对西湖废而不治，西湖因此经久失修，遭遇了近百年的冷遇。

杨孟瑛到杭州任职时，西湖几近淤塞，苏堤以西高者为田，低者为荡，湖西一带几成陆地。当地百姓中流传着这样的民谣："十里湖光十里笆，编笆都是富豪家。待他享尽功名后，只见湖光不见笆。"听着民谣，看着眼前湖山尽占的西湖景象，

杨公堤碑

杨孟瑛深感西湖光彩不再。

  他陈述西湖不忍直视的惨淡现状："历宋及元以至国朝，被邻湖贪利之徒占为田荡，湖面日狭。""濒河田土，一遭岁旱，湖竭而灌溉难资，稼枯而农氓失望，赋税虚陪，户口逃徙。"并向朝廷写下奏章《开湖条议》，力陈西湖占塞的诸多弊害，认为西湖占塞会影响杭州城市的发展；将危及杭城的治安；使人民饮水困难；使运河水运不畅，妨碍交通贸易；使千顷良田得不到灌溉，从而失去抗旱能力，影响农业生产。细数疏浚西湖的必要，指出疏浚西湖有利于加强城西防御、保障全城安全、解决居民饮水、便利官商贸易、利于农业生产等，请求朝廷允其疏浚快被富豪吞没的西湖。

  浚湖定要毁除强占水面而建的农田和房屋，因此引起大多数既得利益者的激烈争议和反对，历时长达五年。占湖的富家于不安中四处造谣，说官家浚湖是侵害百姓利益，以图阻止杨孟瑛疏浚西湖。直至正德三年初，在杨孟瑛的一再坚持和不断上奏下，明武宗终于准奏疏浚西湖。这已是杨孟瑛在杭州的第六个年头了。

宋末到明，西湖水面逐渐被占，中间已经数百年更迭。与白居易、苏轼疏浚西湖不同，杨孟瑛面对的是异常复杂的局面：很多湖面已经被占了几百年，历经十几代。当下的田主认为田地是祖产，跟官家并不相干，且很多田地已经数易其主。一些地方官早已把占湖田地纳入官方赋税之中，等于变相承认其合法性。

面对复杂局势，杨孟瑛和他的同僚们没有放弃，而是通过细致勘察，提出解决问题的办法：底线是无论富家如何抵抗，占湖之田地必须收回，重新恢复为湖面。至于弥补损失，则提出田地置换等方法。"今查得崇善、崇兴、禅智等废寺，并铜钱局共有腴田一万多亩，多被附近豪民所占管。今议随寺大小，量留百亩，以奉香火。其余田亩，逐一清查，拨与应开湖田之人，就令管业，量免本年差徭。"因废弃寺庙的土地也被附近豪民所占，好在时间不久，都能查清事实，所以收归官府，再把

杨公堤风光

这些田地补偿给占湖之人，相当于田地置换。同时，免除当年差徭。不接受置换的，还可以"酬之以值"进行货币安置。

疏浚前，杨孟瑛还写了一篇渝民文告，大意是：先贤们为百姓着想浚通西湖以灌溉周边良田，如今西湖却逐渐湮废。我现在虽力图浚复，但湖面却尽被豪富强占，一旦开始疏浚必会遭受怨怼。当事人伤心，我也难免动恻隐之心。但今天你们的产业，本来就是建立在公家的湖面上的，是私人侵犯了公家在前，现在只不过是恢复旧貌而已。何况如今水尽湖塞，日渐荒芜，数十人家得利，千千万万人却吃苦。所以西湖周遭百姓，请率领你的乡亲族人，及早迁移，不要从中作梗。

正德三年二月二日开始，杨孟瑛亲临指挥疏浚工程，至九月十二日完工，动用民夫约 8 000 人，耗银 23 607 两，清除侵占西湖水面形成的田荡近 3 500 亩，恢复西湖旧观。事后，杨孟瑛把所挖淤泥一部分补益苏堤，填高二丈，拓宽至五丈三尺，沿堤复植桃柳，恢复苏堤的迷人景色。其余疏浚产生的淤泥、葑草在西里湖上筑成一条呈南北走向，北起仁寿山、马岭山脚，南至赤山埠、钱粮司岭东麓，连接丁家山、眠牛山等的长堤，堤上建六桥。后人为纪念杨孟瑛，称此堤为"杨公堤"，堤上六桥为"里六桥"。

浚湖之后，杨孟瑛亲自编写了一部《浚复西湖录》，收录他浚湖过程中的奏议、文牍、文告等相关文字。此外，他请一代贤相谢迁写了《杭州府修复西湖碑》，理学家潘府写了《杭郡守杨公重修西湖文》，附录在书后。

杨孟瑛对西湖的大规模疏浚和整治，为运河水质的供给与改善提供了保障。但由于杨孟瑛在疏浚西湖过程中，其强硬政策使得占湖的豪强损失惨重，导致他们集体反抗。经明廷吏部复议，决定对杨孟瑛予以降职，但又命其"量用民力，以终全功"。疏浚西湖后，杨孟瑛被降职调任为顺天府丞，离开了杭州。

历史上对杨孟瑛疏浚西湖给予较高的评价。田汝成在《西湖游览志》中称其浚湖后，"西湖始复唐、宋之旧"。又说："盖自乐天（白居易）之后，二百岁而得子瞻（苏轼）。子瞻之后，四百岁而得温甫。"清代翟灏、翟翰《湖山便览》评价他"有明开浚之功，惟斯为最"。杭州百姓后来将他的塑像安放于孤山的四贤祠（杨孟瑛本人辟建，祀李泌、白居易、林逋、苏轼）中供后人祭祀凭吊。四贤祠因此改称"五贤祠"。如今，杨公堤上建有杨孟瑛雕塑及其纪念亭，以示缅怀和纪念。

参考文献

[1]　《浙江通志》编纂委员会.浙江通志·水利志 [M].杭州：浙江人民出版社，2021.

[2]　罗以民.杨孟瑛浚复杭州西湖的时间及罢官原因考 [J].浙江社会科学，2007(06).

清廉爱民　江海安宁
——汤绍恩

　　汤绍恩 (1499—1595 年)，字汝承，号笃斋，别号方伯，谥号灵济。明弘治十三年 (1499 年) 三月二十五日在四川安岳城北陶昱坝 (今安岳县城北乡陶海村三组) 出生，官宦世家。明嘉靖五年 (公元 1526 年) 进士，曾任户部郎中、德安知府、绍兴知府，最终官至山东布政使司。卒于明万历二十二年 (1595 年)，享年九十七岁。葬于故居汤家湾山麓下。在绍兴任知府期间，汤绍恩因修建了我国古代规模最大最早的挡潮水闸"三江闸"而闻名于世。

　　汤绍恩一生崇尚廉洁，做官所得除去日常用度和买书外，别无长物。他性情宽厚、生活俭朴，在日常生活中，里面穿粗布衣，外面穿父亲遗留给他的旧袍。

　　在施政上，汤绍恩具有很好的大局意识，不钻牛角尖，也不以清廉而到处炫耀。他做人低调、做事高调，在任期间修缮学宫、设立社学、缓和刑罚、抚恤贫弱、表彰节孝、救济灾荒，是一个关注民生、为民办实事的好官。

　　三江闸，是一座位于浙江省绍兴市东北三江口的古代大型挡潮排水闸，是我国最早、最大的滨海大闸之一，由汤绍恩主持修建。三江闸选址在岩基峡口处，闸墩和闸墙用大条石砌筑，墩侧凿有装闸板的前后两道闸槽，闸底有石槛，闸上有石桥。大闸建成后，外拒咸潮、内蓄淡水、兼稳定内河水位，奠定了绍兴沃野千里、河网

汤绍恩

密布的基本格局。

　　汤绍恩出任绍兴知府时，最让他寝食不安的是当地频繁出现的水旱灾害。当时，会稽、山阴、萧山三县的江河水流，都通过钱塘江、曹娥江、钱清江汇流的三江口入海。由于存在每日潮汐的缘故，河口处的泥沙堆积如山，使得洪涝水不能顺利排泄。每当大潮来临，又碰到连续频繁降雨，必然会导致堤坝被冲毁，百姓深受其苦。汤绍恩看到这样的状况，决心要彻底解除水患，使当地老百姓能够安居乐业。他通过反复察看山川地势及了解河道流向，发现在三江口的位置两山对立，认为是建闸挡潮的好地方。后经过地质勘察，果然如此。于是，汤绍恩决定在三江汇合的彩凤山与龙背山之间建造一座挡潮大闸。

　　为了早日建成三江闸，汤绍恩发动山阴、会稽、萧山三县的民众出钱出力。为了筹资，他费尽心机、绞尽脑汁，先是亲赴省衙，鞠躬作揖说好话，请求国库拨款。由于拨款不够，他又带头捐献官俸，同时发动有钱人捐款。对于积极出资的人，他亲自书写牌匾表示褒奖和感谢。为建设三江闸，汤绍恩动员组织了百姓数万人。刚

水利千秋　廉润初心——浙江治水历史人物廉洁故事

开始建设时，为了截断江水，百姓们要直接在水中构筑围堰，这既艰辛又危险。工程进行到近半的时候，突然遇到大雨大潮，堰堤常常筑好即溃。时间一长，难免怨声载道，有些人甚至准备撂挑子不干了。面对百姓的抱怨，汤绍恩不为所动，一方面鼓舞斗志，请大家坚持下去，同时向海神祈祷；另一方面力排众议，坚定不移推进三江闸的建设。他口气坚定地说：“虽然现在百姓会抱怨甚至怨恨我，但在三江闸正式建成之后，每家每户都能安居乐业，那时会感谢我的。”在建闸过程中，汤绍恩身先士卒，殚精竭虑，几乎到呕血的地步。同僚与百姓们无个为之感动，于是人人不懈努力奋斗，最终建成三江闸。三江闸的建成，让山会海塘全线连接，钱清江由此成为内河，形成了萧绍平原统一的三江水系。工程从嘉靖十五年（1536年）七月开始施工，到第二年即竣工。三江闸设有闸门28个，象征二十八星宿，所以又被称为“应宿闸”。闸内建有“泾溇”“撞塘”“平水”三个内闸，防备大闸被冲溃的风险；闸外筑有石堤400余丈，以抗衡潮水的反复冲击。三江闸旁刻有“水则石”，用来观察潮水的大小，从而根据不同的形式决定是否开启或关闭闸门。这是世界上最早利用水则碑，定量调度水资源的古代水闸，代表了我国古代滨海水闸工程建筑科技和管理的最高水平。嘉靖十七年（1538年），汤绍恩又主持古鉴湖的东塘、南塘等的堰、闸改建工程，使得近百里的范围都得到贯通，这既有利于蓄水，又有利于交通运输。

汤绍恩三江口建闸后的第四年，在浙江总督陶谐的《塘闸碑记》中首次公开肯定了他的治水功绩：面对水患，汤绍恩力排众议挺身而出，建闸筑塘，节水抗旱。在三江闸建成后，百姓不再受水患决塘之苦。不仅如此，闸内还逐渐开垦出良田百万余亩。同时，对于堤坝外的那些淤泥土壤，汤绍恩还加以利用，排出的潮水可以晒盐，圈出的湿地可以养鱼，剩下的泥土还可以种植桑树，开辟的道路可以方便来往的商旅。他的功绩，不仅解决了水患，而且有利于子孙后代。他的德行，应该予以牢记。这块碑记今存于绍兴市治水纪念馆内。

清朝康熙二十五年（1686年），浙江山阴县人程鸣九撰写出《三江口地郡守汤公新建塘闸实迹》和《汤神事实录》。在《三江口地郡守汤公新建塘闸实迹》末尾赞道："汤绍恩的大功能够恩泽万世，功绩不在大禹之下！"清名儒史学家毛奇龄（1622—

汤绍恩

1716年）在《汤公传》中亦高度赞扬三江口治水功绩，说："一年时间，获得良田一百万亩，盐场、鱼塘、桑林等，也不下二十八万亩。绍兴被称作天府，沃野千里，全赖汤绍恩之力！"康熙四十一年（1702年）缙绅王毅韦、鲁德升、刘缃、郑清毅、丁思尹、赵予敬和在职官员山阴县令顾庸、会稽县令张联星、萧山县令郑世绣、同知署府印光佩、布政司赵志栋、总督郭世隆、督学院士姜肃、新任都院赵申乔、礼部宗伯韩荧等，纷纷上书，请求表彰前朝山东布政使汤绍恩在浙江三江口的治水功绩。由此引起康熙皇帝重视，并亲临绍兴实地视察，认为汤绍恩的功绩果如群臣所奏。于是在当年六月二十四日，敕封汤绍恩为"灵济"。后雍正皇帝又敕封他为"宁江伯"，意为使江海安宁、万民受益的神。康熙皇帝还亲为绍兴"汤公祠"题写匾额:"钦定灵济"。于七月三十日撰订《敕封汤神灵济徽谥记》,文中概括汤绍恩的治水功绩说:"自大禹以后,虽然历经汉、唐、宋、明各朝诸位贤人不断加固堤坝,但水患仍然未能平息。能够做到一劳永逸、万古不朽的,只有郡守汤绍恩。"

在中国水利史上,三江闸工程是继夏之大禹治水、秦之李冰治都江堰等之后的又一个伟大治水工程、民生工程,它解决了浙江三江口千年遗存的水涝、旱灾循环害民的难题,改变了会稽、山阴、萧山一县水利状态,对发展农业、渔业、养殖业、航运等具极大作用。

参考文献

[1] 王如高.100 位水利名人 [M]. 南京:河海大学出版社,2009.

[2] 《浙江通志》编纂委员会.浙江通志·水利志 [M]. 杭州:浙江人民出版社,2021.

[3] 汪毅.历史上的水利专家——汤绍恩 [J]. 巴蜀史志,2021(03).

[4] 陈陆.汤绍恩:千年遗泽在三江 [J]. 中国三峡,2012(04).

贤声蔚著　钱塘功臣

——黄光升

　　黄光升 (1506—1586 年)，字明举，号葵峰，明代泉州晋江潘湖临漳人，是一位倡导教育兴国、尊师重教的政治家、军事家、法学家、水利学家和历史学家。他秉性好学，明嘉靖七年 (1528 年) 中举人，次年中进士，授浙江长兴知县。因"贤声蔚著"，被调入朝廷任刑部给事中。后因母亲去世回家守制，服满后，补兵部。因两次得罪朝廷高官夏言，被逐出朝廷，任浙江水利佥事三年，又进参议，后调任广东副使，转任四川参政、广东按察使、四川布政使等职。

　　黄光升调任广东后，设立稽查，核验册籍，逮捕寇贼，社会治安日益好转。由于不法官吏侵剥，当地"夷市"课税入库只有十分之一。通过黄光升的大力整治，虽征收"夷税"十减其六，但课入库银却加倍增长。安南 (今越南) 内部莫正中与莫宏瀷兄弟争位，莫正中逃来广东避难，而安南大臣范子仪以迎还莫正中为借口，率兵攻掠钦、廉二州 (今广西壮族自治区钦州县和合浦、灵山等地)。总督欧阳必进命黄光升速调东莞、新会二县守兵，伏兵海岛，大败范氏。随后，莫宏瀷斩范子仪首级来献，纳贡如前。黄光升又讨平连崖黎民的叛乱和新会陈文伯的剽掠。为长久之计，黄光升编定广东全省瑶民册籍，因此进官副都御史，督抚四川省。

海盐观潮公园广场上的黄光升雕像

　　黄光升在四川担任参政、布政使期间，上疏请求停止采办丹砂、麸金，每年节省水陆邮费数十万金，减轻了百姓负担。明世宗笃信方术，营造大享殿、大高元殿等，急需巨木，而四川无巨木可采。黄光升"度郡邑大小，地里远近"，使各地负担合理，并通过向当地夷民购买、转运费向其他省份借支等方法，不增加百姓赋税负担，受到了世宗嘉奖，拜为兵部侍郎，总制湖北、四川、贵州三省。后来因讨平苗民叛乱和召回流民有功，被召入工部，不久升任南京户部尚书。嘉靖三十九年，南京振武营因裁减军饷生乱，黄光升一面疏请恢复军饷原额，一面详细查核，"库藏为之一清"，平乱有功，处理得当，黄光升因此被召入北京任刑部尚书。

　　从几次从政经历可见，黄光升以身作则，用实际行动让我们对清廉勤政有了更深刻的理解。"廉洁"自古以来就是一种可贵的品质。正心，修身，齐家，治国，平天下。正心修身乃齐家之始、治国之源、平天下之基。

　　黄光升在浙江任水利佥事期间，修筑海塘、治湖蓄水、疏浚河道、提倡兴学、编写县志，政绩显著。最令人熟知的是在海盐首创五纵五横鱼鳞大石塘。该石塘与古长城、古运河一起被称为我国古代三大土木工程，被誉为"水上长城"。当时，由于海潮冲刷、江道变迁，钱塘江岸线北侵，海盐一带经常遭受台风暴潮侵袭，一旦海塘决口，潮水便会涌入素有"鱼米之乡"的杭嘉湖地区，产生洪涝灾害，粮食减产，危及人民生命财产安全。黄光升在总结前人经验基础上，潜心研究潮浪特点，分析提出海塘易坍的原因是"塘根浮浅""外疏中空"。于是，改进塘基和条石叠砌方法，采用重力式结构，创建五纵五横鱼鳞石塘。海塘取用极大极厚之条石纵横鳞叠，上面盖以两横一纵大石，纵横交错，逐层收分，铆榫相连，灰浆粘结，大大增加了塘体抗风浪抗冲刷能力。因外形呈鱼鳞状，被称为"鱼鳞石塘"。由于它可直抵潮之正冲并巍然不动，从此海盐岸线不再后退。此后，明清两朝均按其砌筑原理修建石塘，是钱塘江海塘工程建筑技术上的一次历史性突破。他还首创将海盐海

海宁五纵五横鱼鳞石塘

塘按《千字文》字序编号、分段，这一措施在清代被广泛用于钱塘江南北两岸。黄光升建塘时所撰写的《筑塘说》，至今犹存，成为科技文献名篇。

明朝东南沿海地区经济日益发展，海寇频繁侵扰。《盐邑志林》记载："海盐一带海塘，外以捍海潮之入；循塘拒守，墩堠相望，可以御海寇之登犯。"由此可见，当时的海塘不但能抵御海潮侵袭、解决水患，还发挥了类似城墙的作用，抵御海寇入侵。为纪念黄光升在海盐建造五纵五横鱼鳞大石塘的伟大功绩，人们把黄光升雕塑矗立在海盐县城观海园，现已成为海盐县重要的人文景观。

在其位，谋其事，尽其责，廉其政。"一身正气豪情壮，两袖清风意志昂。秉公勤政讲奉献，为国报效美名扬。"正是黄光升一生克己奉公、清正廉洁、一身正气、刚正不阿的真实写照。

参考文献

[1] 陶存焕，周潮生. 明清钱塘江海塘 [M]. 北京：中国水利水电出版社，2001.

[2] 《浙江通志》编纂委员会. 浙江通志·海塘专志 [M]. 杭州：浙江人民出版社，2021.

[3] 李清馥. 闽中理学渊源考 [M]. 北京：商务印书馆，2018.

事必躬亲　清廉刚直

——海瑞

海瑞 (1514—1587 年)，字汝贤，号刚峰，海南琼山 (今海口市) 人。明朝政治家、著名清官。海瑞一生经历了正德、嘉靖、隆庆、万历四朝，为官清正廉洁，不惧权贵，一心为民。嘉靖二十八年海瑞参加乡试中举，初任福建南平教渝，后升任浙江淳安和江西兴国知县，推行清丈、平赋税，并屡平冤假错案，打击贪官污吏，深得民心。后升任州判官、户部尚书、兵部尚书、尚书丞、右佥都御史等职。打击豪强，疏浚河道，修筑水利工程，力主严惩贪官污吏，禁止徇私受贿，并推行一条鞭法，强令贪官污吏退田还民，遂有"海青天"之誉。万历十五年，海瑞病逝于南京官邸，获赠太子太保，谥号"忠介"。海瑞去世后，关于他清廉为民的事迹，在民间广为流传。《明史》评价其"秉刚劲之性，憨直自遂，盖可希风汉汲黯、宋包拯，苦节自厉，诚为人所难能"。

治水必躬亲　兴百年之利

隆庆三年，海瑞升任南京督查院右佥都御史、总督粮署、提督军务，巡抚应天十府 (即应天府、苏州府、常州府、松江府、镇江府、徽州府、天平府、池州府、宁国府、安庆府及广德州)。任职期间，政绩显赫，其中有一件就是修治吴淞江。

应天府虽是鱼米之乡，但水灾频发，许多良田被潮水淤为陆地，饥民流离失所

海公祠

时有发生。百姓盼望疏浚治水，虽多有议论，但未见结果。当地流传一首民谣唱道："要开吴淞江，除是海龙王。"

海瑞上任后，吴淞江正闹水灾，万顷良田收成无望，他决定疏浚吴淞江。《海瑞集》中海瑞给当时宰相和大臣的一封信中写道："今可忧者，水荒之后无从取米，饥民汹汹，未知善后之为策耳。改折二十余万石，计无所出，不得已而愚之君父之前也。惟公力为主张，使浚河济饥，一举两得。"海瑞修治吴淞江，一是可以兴百年之利，二是可以安抚饥民。

在疏浚之前，他于隆庆三年十二月实地勘察吴淞江段。同时，还潜心研究《禹贡》《三吴水利录》等专著并用以指导治水，得出"若内水急流，则足以冲荡潮泥，免于淤塞"的结论。然而，修治吴淞江的主张遭到留都察院的极力阻挠。但海瑞不顾人议，毅然自身任之。正月初三动工开浚吴淞江，其乘轻舸往来江上，"亲督畚锸，身不辞劳。

二月告竣"。又奏开白茆河，二月初九日兴工，用开吴淞江存款，用以工代赈办法，既招徕劳工，又救济了饥民，至三月竣工，费时仅两月。清人王国宪在《海忠介公年谱》中评价道，江南水乡"由是旱涝有备，年谷丰登，吴民永赖，乐利无穷，公之开河之功，创三吴所未有矣"。

清钱泳《履园丛话·水学·治水必躬亲》曰："治水之法，既不可执一，泥于掌故，亦不可妄意轻信人言。盖地有高低，流有缓急，潴有浅深，势有曲直，非相度不得其情，非咨询不穷其致，是以必得躬历山川，亲劳胼胝。昔海忠介治河，布袍缓带，冒雨冲风，往来于荒村野水之间，亲给钱粮，不扣一厘，而随官人役亦未尝横索一钱。必如是而后事可举也。如好逸而恶劳，计利而忘义，远嫌而避怨，则事不举而水利不兴矣。"

该文论述了治理水患的方法，并讲述了从前海瑞治理河流的时候，轻装便服，冒着风雨，在荒村乱流中间来来往往，亲自发给民工钱粮，一厘也不克扣，并且随同的管理差役也不曾横索一文钱财。指出必须像这样，才能做成事情。如果贪图安逸，害怕辛劳，计较私利，忘记公益，只想远远地躲开嫌疑，避免抱怨，那么事情就做不成，

去思碑

水利也就办不好了。

厘正宿弊 勤俭为官

海瑞洁身自爱，为政清廉，勤俭刚直，无论官居何位，从不谄媚逢迎，坚决反对铺张浪费、骄奢淫逸，打击巧取豪夺、以权谋私。

在户部供职时，海瑞出于对国家财力的忧虑，为进谏迷信道教、一心求仙而纵容各地大兴土木修建庙坛道观的嘉靖帝，以六品小官身份抱着必死决心毅然上疏。这次的奏疏便是有名的"直言天下第一事疏"，后人称为《治安疏》。奏疏递上后，海瑞即被下狱，好在不久嘉靖病逝，新帝听进了丞相徐阶的劝说，海瑞才得以获赦，并官复原职，且逐步升至应天十府巡抚等职。之后，他为匡正时弊，严肃法纪，主持制定了贪污满"八十贯绞"等严刑。他铁面无私，对一直有恩于他的老丞相徐阶也毫不留情，将徐家仗势多占的 40 万亩良田退还原主，将欺压良民的徐阶的两个儿子及 20 多个家人依律问罪。

海瑞在任御史和应天巡抚时期，为拒绝别人送礼发出了《禁馈送告示》。还明确给自己规定一条，如果他自己不为公为民而滥支乱用府库钱粮，各州县可以鸣鼓攻之，自己决不自赦。海瑞"清苦之行，举朝不能堪，亦举朝不能及"。去世后家无余资，仅薄田数亩。海瑞与百姓关系极好。在南京任官期间，乡民过其府第，都要进去看看他。万历十五年（1587 年），海瑞在南京去世。发丧之日，南京市民扶老幼携，焚香送殡，"号泣如丧考妣，倾城皆至舟次，罢市数日"。

淳安境内山多地少，百姓清苦，却是往来三省的交通枢纽。朝廷使臣和过境官僚都要地方负责接待，因此当地人民负担很重。海瑞任淳安知县期间，正是喜好结党营私、贪赃纳贿的严嵩当权乱政之时。海瑞上任不久，严嵩同党总督胡宗宪的儿子路过淳安时，仗势欺人，嫌驿站招待不周，竟把驿吏捆吊在树上。海瑞闻讯赶来，将胡宗宪之子逮捕拘狱，并将其带的几千两银子充公上交国库，然后向胡宗宪报告说："襄日胡公按部，令所过毋供帐。今其行装盛，必非胡公子。"意思是"这个人带着大量银两，胆敢假冒总督大人的公子胡作非为，败坏了大人您的官声，真是可恶至极"。胡总督知海瑞清正廉洁、严于律己，连母亲生日也只以两斤肉庆寿，实在无懈可击，只得忍气吞声，内心却极为不满。

严嵩的党羽、都御史鄢懋卿，其人"总督天下盐运，招权纳赂，叱咤风生。其妻偕行，装五彩舆，令十二女子舁之。令长以下膝行匍匐，上食惟谨。以文绣被厕床，以白金为溺器，千里传送，络绎道路"。他在京掌握着进退升降官吏的建议权，出巡地方则是威风八面的钦差大臣，所以地方官员对他莫不毕恭毕敬。他却假惺惺地先发出通令，声称自己"素性简朴，不喜奉迎。凡饮食供帐，俱宜俭朴为尚，毋得过于华侈，靡费里甲……"嘉靖三十九年，鄢懋卿巡察盐务，要路过淳安。海瑞事先呈上一个禀帖，开头节录鄢懋卿通令标榜俭朴的原文，紧接着写道："听说您以前所到过的地方，都置办酒席，每席费银三四百两，平常伙食都是山禽野味，其他供应也极为华丽，连便壶都是用银子做的。这些排场和您颁布的通令是大大相悖的。都察院长官出理盐政，是我朝以来未曾有过的稀罕事。有鉴于此，有疾苦的人要来告状，有贪酷行为的人要改邪归正，百姓也会因此而得到益处。可现在的情况是，州县恐怕接待不周致罪而极力铺张接待；百姓因为害怕摊派，而怨声载道。百姓非但没有得到益处，反而苦于破财。大概是地方官属奉承您，误认为您喜欢阿谀恭维而不喜欢直言吧！"鄢懋卿看完禀帖，哭笑不得，毫无辩解余地，只好绕道而去。但此事后，鄢懋卿对海瑞怀恨在心，伺机报复。

海瑞就任应天巡抚之后，属吏害怕海瑞的威严，贪官污吏很多自动辞职。有显赫的权贵把门漆成红色的，听说海瑞来了，都改漆成黑色。宦官在江南监督织造，见海瑞来了，就减少车马随从。不久，海瑞以其在淳安、兴国治政规约为蓝本，制定出台督府宪约，即《督抚条约》36条、《续行条约册式》9条，规定巡抚出巡各地，府、州、县官一律不准出城迎接，也不准设宴招待。考虑到朝廷大员或许仍须稍存体面，他准许工作餐可以有鸡、鱼、猪肉各一样，但不得供应鹅和黄酒，不得超过伙食标准，旨在"盖主于斥黜贪墨，搏击豪强。矫革浮淫，厘正宿弊"。

海瑞心系天下、心系民生，深知百姓生活不易，曾在兴国写下"春耕勤力望秋收，得遇年丰减却愁"的诗句。他重视农桑，曾作《劝农文》，劝课农桑，发给农民稻谷种子，大力兴修水利，减轻水旱灾害带来的损失。在距离县城七十里的回龙（今为兴国县城冈乡回龙村），他令人开凿水陂，可灌溉千余石田亩，后世称为"海公陂"。

他又继承了前任知县卢宁的未竟事业，在县城南二里许修建水坝，并发动群众在坝上种植松树万棵，以保护水口，大大减轻了洪水的灾害。"海公出宰为民虑，课民种松松作涛"。为纪念海瑞的功绩，百姓将之称为"海松坝"。

海瑞死于官舍。跟他一起在南京做官的同乡的人，只有在户部做事的苏民怀一人。苏民怀检查清点他做官的俸禄，竹箱子里有八两银子，麻布两丈，几件旧衣服罢了。这样的都御史又有几个？王凤洲评价他说："不怕死，不爱钱，不结伙。"这九个字概括了海瑞的生平。即使十言万语的赞美之词，没有能胜过这九个字的。

参考文献

[1]　（元）脱脱，等 . 宋史 [M]. 北京：中华书局，1985.

[2]　《浙江通志》编纂委员会 . 浙江通志·水利志 [M]. 杭州：浙江人民出版社，2021.

[3]　王如高 .100 位水利名人 [M]. 南京：河海大学出版社，2009.

[4]　黄锡之 . 海瑞与太湖平原治水 [J]. 苏州大学学报， 2005(04).

[5]　南开大学历史学院 . 海瑞之廉洁反贪与传统文化的优秀成分 [J]. 史学集刊，2011(04).

治水利千秋 为政功当世

——潘季驯

潘季驯（1521—1595年），字时良，号印川，浙江湖州府乌程县人（今湖州市吴兴区人），明朝中期官员，是明代杰出的水利专家。

嘉靖二十九年（1550年），潘季驯进士及第。授九江推官，后升任御史巡按广东，相继任大理寺左少卿、左都御史、刑部右侍郎、工部左侍郎、工部尚书、兵部尚书、刑部尚书等职，万历十九年（1591年）加太子太保，卒赠太傅，谥元肃。作为水利专家，从嘉靖四十四年（1565年）开始，到万历二十年（1592年）止，潘季驯先后四次出任治河大臣，主持治理黄河、淮河、运河等，为我国古代的治河事业作出了重大贡献，被乾隆称为"明代河工第一人"。

潘季驯出生于一个未仕秀才家庭，据潘季驯父亲潘夔墓志铭所载，潘家乃"彬彬诗礼名族"，具有优良的家族传统，潘夔的四个儿子也都纷纷中举入仕。潘季驯荣登进士出仕之后，潘夔总是在家书中谆谆告诫潘季驯"毋家于官"，为官期间不要假公济私、损公利己。出生成长于这样一个家教严格、家风廉正的知书达礼之家，潘季驯从小就耳濡目染，塑造了风清气正的精神品格，也奠定了他日后为官的道德操守。

作为在中国水利史上享有盛誉的治河专家，潘季驯为我国古代的治河事业做出了巨大贡献。清人包世臣在其著作《中衢一勺》中评价潘季驯："河自生民以来为患中国，神禹之后，而有潘氏。"将潘季驯与治水安民的大禹相提并论，其治水功绩可见一斑。京杭大运河是明王朝维系统治的交通要道和经济命脉。明代前期黄河夺淮入海，水道复杂紊乱，黄河主流迁徙不定。朝廷把保证京杭大运河畅通作为治河方针，采取了北堵南疏、分流杀势的治黄方略，导致河患日益严重。潘季驯受命于危难之际，一生四次出任总理河道（明代主持治河的最高官员），以治水为己任，力挽狂澜，前后历时二十七年之久。

潘季驯在四次治河过程中，不断吸取前人治理黄河的经验教训，经过不辞劳苦的实地调查和长期务实的治河实践，深刻认识到黄河"黄流最浊，以斗计之，沙居其六"的含沙量大的特点，切中肯綮地指出泥沙淤塞河道、抬高河床才是导致黄河决堤的罪魁祸首，要想根治黄河水患，根本方法是要使不断堆积的水中之沙随河入海，进而创造性地提出了以"筑堤束水，以水攻沙"为核心思想的全新治黄方略和"蓄淮刷黄，以清释浑"以保漕运的治运方略，抓住了黄河水患的要害和治水的本质，辩证地处理了黄河、淮河和运河三者的关系，实现了治河从分水到束水、从单纯治水到沙水合治的历史性转变，既保证黄河安澜，又保持运河畅通。潘季驯的多措并举，扭转了黄河下游河道长期分流乱流的局面，使河道稳定了二百多年。清代初年的治水能臣陈潢评价说："潘印川以堤束水，以水刷沙之说，真乃自然之理。"民国的《清史稿》主编赵尔巽也指出："明治河诸臣，推潘季驯为最，盖借黄以济运，又借淮以刷黄，固非束水攻沙不可也。"

潘季驯的治河方略对后世治理黄河的活动产生了重大影响，在中国治黄史上谱写了浓墨重彩的篇章。清初学者胡渭在其著作《禹贡锥指》中便发出了"然百余年来治河之善，卒未有如潘公者"的由衷感叹，乾隆更是称赞潘季驯乃"明代河工第一人"。潘季驯也将自己的治河经验编撰辑录成《河防一览》《两河管见》等著作。如他组织人绘制《河防一览图》，该图长达20米，以写实绘法，突出了黄河和运河的河防要情，流经地区的建置、山川地理等。这些著作提出了不少富有见地的治河思想，为后世治河提供了重要借鉴，是中国水利科学的重大创作，散发着智慧与创造的光芒。潘季驯一生四次治河，始终心系治黄大计，在离职之前还上书朝廷表明心迹："去国之臣，心犹在河。"王锡爵在《潘季驯墓志铭》中记载，潘季驯在治河中"数次几濒于死"，乘船在河中指挥时"风雨大作，震撼波涛中几覆，挂树梢乃脱"。这种身先士卒、恪尽职守的奉献精神，以及治河安民、尽瘁国事的赤诚之心至今可鉴。

由于潘季驯从事治河活动的名气更大，后人往往忽视其为政才能。其实潘季驯不仅是一位功绩卓著的治水专家，同时还是一位清正廉洁、体恤百姓的官员，曾多次在地方任职，所到之处皆政绩卓著，深得朝廷赏识和百姓爱戴。清代名臣纪晓岚曾称赞他说："季驯虽以治河显，而所治皆有治绩。"嘉靖二十九年，潘季驯被授予九江府推官，开始了他的从政生涯。初履仕途的潘季驯在治理刑狱时经手了一桩冤案：一个叫刘云四的人因遭仇家陷害而身陷囹圄等候处斩，当地百姓议论纷纷。潘季驯在复查案情时也发现了诸多疑点。为了给刘云四主持公道，潘季驯不惮劳苦经过多方明察暗访，终于查清冤情，为无辜百姓平反昭雪，他自己也赢得百姓的称赞。

嘉靖三十八年，潘季驯调任广东巡按御史，初到广东便奏上《慎选民牧疏》，

潘公桥

在选官用人上主张"慎选民牧",重用清官贤吏,严惩贪官污吏。在两年多任期里,潘季驯大力整顿吏治,惩贪除恶。嘉靖三十九年一年之内,便连续查办了潮阳县知县蔡明复、海丰县县丞朱杰、博罗县知县舒颖三人违法乱纪、贪黩殃民的三大案件。在处理案件的过程中,潘季驯秉公执法,发奸摘伏,涤瑕荡秽,令贪官污吏们闻风丧胆、栗栗自危,对于当时积习生常的广东官场无疑是很大的震动。万历首辅申时行在《宫保大司空潘公传》中对潘季驯大刀阔斧惩贪倡廉之举给予了高度肯定:"首逮潮阳令之贪黩者,吏闻多解绶去,风裁肃然。"由于潘季驯在为政过程中始终以百姓的利益为重,在离任广东巡按时,百姓前呼后拥遮道乞留,建祠以祀。

即使是削职在乡期间,潘季驯也始终心系湖州百姓,不忘造福桑梓。他见穿城而过的苕、霅两溪汇合处水势湍急、交通不便,马上捐俸 2 500 两修建桥梁,以解

治水利千秋 为政功当世——潘季驯

民渡之困，而且从桥址选择到工程实施均躬亲其事。历时五年桥成，乡人感念潘季驯恩德，命名为"潘公桥"。该桥于清道光年间重建，目前已经是全国重点文物保护单位。

潘季驯于 1595 年去世，享年七十五岁。去世后，明朝廷曾经将潘季驯列为乡贤、名宦崇祀。清朝顺治时，将潘季驯从祀禹王庙，并建报功祠于山东济宁。乾隆帝时，将潘季驯列入淮安陈瑄祠一并祭祀。现该祠依旧在江苏淮安，名为"陈潘二公祠"。为纪念潘季驯的丰功伟绩，湖州市吴兴区西山漾景区也专门修建了潘季驯纪念园。从明代末年到今天，我国的治黄规划方略都不同程度地吸收了潘季驯的治水思想。例如，在上、中游修建控制性的大容量水库，蓄水拦沙，人造洪峰，进行调水调沙，增水减沙，以达到冲刷河床主槽的目的，实际上就是束水攻沙和蓄清刷黄思想的新运用，小浪底枢纽工程就是典型代表。

潘季驯墓

水利部精神文明建设指导委员会办公室曾开展历史治水名人推选工作，旨在通过推出一批历史治水名人，诠释"忠诚、干净、担当，科学、求实、创新"的内涵要义，使新时代水利精神成为激励干部职工的强大精神力量，潘季驯便位列第一批 12 位历史治水名人中。2021 年，在潘季驯诞辰 500 周年之际，以"传承治水精神、弘扬兴水文化"的潘季驯治水成就与新时代水文化高层论坛在湖州吴兴召开。来自全国各地的水利史、水文化、水利工程建设与管理工作方面的专家、学者们齐聚一堂，传承发扬他的治水理念和治水精神。其为政功在当世，其治水利在千秋，其精神永垂不朽。

─────

参考文献

[1] （明）潘季驯，著 . 中国水利史典编委会办公室，编 . 河防一览 [M]. 北京：中国水利水电出版社，2017.

[2] （清）张廷玉 . 明史 [M]. 北京：中华书局，2015.

[3] 王质彬 . 潘季驯的治河思想及其实践 [J]. 人民黄河，1981(04).

[4] 贾征 . 潘季驯评传 [M]. 南京：南京大学出版社，1996.

[5] 周魁一 . 潘季驯"束水攻沙"治河思想历史地位辨析 [J]. 水利学报，1996(08).

[6] 刘贵良 . 明代杰出的治黄专家——潘季驯 [J]. 山西水利科技，1998(S1).

[7] 韦庆远 ."百粤行将遍，三春思转穷"——论潘季驯巡按广东的政绩 [J]. 学术研究，2005(05).

[8] 马雪芹 . 简论潘季驯的为政思想 [J]. 江南大学学报，2005(05).

[9] 马雪芹 . 大河安澜——潘季驯传 [M]. 杭州：浙江人民出版社，2005.

[10] 王如高 .100 位水利名人 [M]. 南京：河海大学出版社，2009.

[11] 陈陆 . 潘季驯：明代河工第一人 [J]. 中国三峡，2012(02).

[12] 杨义堂 ."千古治黄第一人"潘季驯 [J]. 春秋，2022(01).

治水为民 死而后已
——茅国缙

茅国缙(1555—1607年)，字荐卿，号二岑，浙江湖州府归安县（今浙江南浔）人，是明代散文家、藏书家茅坤的次子。明朝万历十一年（1583年）进士，官至南京工部郎中。茅国缙在史上以勤政清廉著称，他当时担任朝廷水务大臣，掌管全国水利，足迹遍布长江、黄河等国家主要水系，治水期间，常常"三过家门而不入"，最终积劳成疾，死于任上，享年52岁。

茅国缙中进士后，授山东章丘知县。章丘是唐朝名相房玄龄和宋朝才女李清照的故乡。茅国缙得中进士，初次为官，就到此任县令自是欣喜不已。但不巧的是，茅国缙到任不到半年，忽然接到兄长捎来的信件，说是父亲茅坤病重。茅国缙是个孝子，得知父亲病重，当即写了《转假疏》，一边寄给朝廷希望准假，一边传书家中。其父茅坤看到《转假疏》后十分震怒，回信大斥茅国缙"不孝不忠"，并教导道："小孝者，乃大孝之贼"，意思是，孝敬父母是小孝，忠于国家才是大孝。一个人不能因小孝而失大孝。因为在茅坤心里，只有儿子在任上勤政为民，做出成绩，才是对自己最大的孝心，也是对朝廷皇恩最好的报答。

父亲茅坤的这段话让茅国缙幡然醒悟。所以，茅国缙在章丘知县任上殚精竭虑，系民于怀。其时，章丘县五、六月水患，七、八月连续大旱，而九、十月又是蝗灾，

茅國縉 字薦卿 歸安人 萬歷癸未進士 除知章邱縣 入為廣東道御史 謫知淅川 歷南工部郎 有敌圍

詩

草

方應選 字眾甫 草亭人 萬歷癸未進士 官福建提學僉事 有集

張賀明 字冲和 南城人 萬歷癸未進士 除刑部主事 有深息詹集

湯顯祖 字義仍 臨川人 萬歷癸未進士 除南太常博士 遷禮部主事 謫徐聞典史 遷知遂昌縣 有玉茗堂集

姚思仁 字善長 秀水人 萬歷癸未進士 自行人擢江西道御史 歷官工部尚書 太子太傅 有菉竹堂道

欽定四庫全書 御選明詩姓名爵里五 十五

《钦定四库全书》中有关茅国缙的记载

老百姓叫苦连天，生活难以为继。茅国缙初上任就碰到这样极端的自然灾害，让他食不甘味、夜不能寐。但他记住老父亲的谆谆教诲，采取一切办法，救灾民于水深火热之中。等灾情结束，原本年轻力壮的茅国缙，竟然累病倒了。因为茅国缙救灾有功，不久就升任为工部郎中。茅国缙升任工部郎中后，有感于水患和旱灾带给老百姓极大的苦难，深感水利建设的重要性，所以主动向朝廷请缨，要求去管水利工作。于是，朝廷任命他为水务大臣。茅国缙主管全国水利后，奔赴各地调查水利设施，他的足迹遍布了黄河、长江两岸，还有许多大河大湖。在全国各地调查期间，他一连好几年都没有回家，有几次都是路过家门而不入。

茅国缙赴章丘上任的头一年即 1582 年，明朝改革家、内阁首辅张居正刚刚去世，他致力推行的税收"一条鞭"改革，在基层推广时遇到不少阻力，有的地方根本就没实行，章丘就是如此。当时章丘的情形是"县中差繁赋重，民多鬻田产转徙"，即辖内赋税很重，种地无利可图，百姓纷纷弃田逃荒。

茅国缙上任后，他马上开展了调查，得知"邑赋之害者两端，其一均徭，其一收头，百姓畏之如苦相与戳"。他认为原先章丘实行的赋税制度有两大害处，一是不论贫富统一交税（人头税），二是收探头税，即"寅吃卯粮"，二者如同一把钢刀插在百姓心头。虽然此时朝廷上力推改革的张居正已去世，上层官吏已酝酿复辟，但在基层担任知县的茅国缙仍"排嚣抒独，不难以身徇万众"，力排众议，甘愿以身徇民，在章丘实行税制改革，全面推行"一条鞭"法。

"一条鞭"法，就是化繁为简，把徭役与地税合并，按亩征纳，将繁复的赋役项目合编为一条，故称"一条编"，后演变为"一条鞭"。据《明史》记载："一条鞭法者，总括州县之赋税，量地计丁，丁粮毕输于官。"

一条鞭法在章丘的实施，简化了辖内赋税徭役的征收名目和手续，官吏因此不能轻易与豪强勾结串通作弊。田多者多出役银，田少者少出役银，无田者不出役银，百姓的负担得以减轻，尤其是无田的农民佃户，不再因承担繁重的徭役而逃亡。"行之两年，章之土地价值腾涌，且三倍之"，新政在章丘实施两年，辖内土地的价值比原先提高了三倍。百姓惜地如金，就连盐碱地、涝洼地、旱地、边角地都充分利用起来，与原先有天壤之别。四年后即万历乙丑年 (1589 年)，茅国缙高升调离章丘时，百姓挽留不让走，三日未出章丘，可见其在章丘百姓中威信之高。

茅国缙性喜读书，认为子女玉帛、宫室歌舞之乐，皆不如专研六艺之愉快。万历二十七年 (1599 年)，茅国缙官南京，与曹学佺等结社删史，先后纂成《东汉史删》《晋史删》《南史删》等，流传百世。

———————

参考文献

[1] 百度百科 . 茅国缙 [EB/OL].(2023-04-14).https://baike.baidu.com/item/%E8%8

C%85%E5%9B%BD%E7%BC%99/56863527?fr=aladdin.

[2] 朱国新 . 清廉教育校本课程 [C]. 湖州：湖州市南浔区水晶晶新城学校 .

[3] 赭山居士 . 读章丘历史 | 勇于改革的章丘县长 [EB/OL].(2020-12-24).https:// mp.weixin.qq.com/s/PwZ8w-fEgtFMkh8hrkRIJg.

以民为本 诸暨夏禹

——刘光复

　　刘光复(1566—1620年)，字贞一，号见初，明时江南池阳(今安徽青阳)人，生于明朝嘉靖四十五年。虽然不是绍兴人，但刘光复自万历二十六年(1598年)起，先后8年在诸暨担任县令。卸任后，刘光复升河南道监察御史，后因"挺击事"上疏而触怒皇帝，被直接下诏关押狱中。诸暨百姓周国琳等集数千人集体上书请求赦免，不久后被释放。明光宗继位后被任命为光禄寺丞。死后追赠为太常寺卿。

　　刘光复在诸暨任上期间，崇尚节俭，处处以民为本，如聘请名师努力办学；在县公馆旧址创设永利义仓，置义田190亩，储租备赈；明断冤狱，对十数年来未决的"狱案"，实地查访，周密分析，终使沉冤昭雪，真凶伏法；当地向有"停柩""锢婢""溺女""同族为奴"等旧习，勒石全县，严厉禁止；为方便民众，重修太平桥，兴建利济桥、茅渚埠桥、会义桥、跨湖桥等以利交通。就这样，诸暨在刘光复的吏治下，被治理得井井有条。而刘光复最值得称道的当属治水方面的功绩。

　　发源于浦江县的浦阳江，自南向北贯穿诸暨全境，最终汇入钱塘江入海。自古以来，浦阳江河道狭窄，源短流急，洪涝灾害频繁，每当遇到大雨，更是泛滥成灾，素有"小黄河"之称，是浙江省洪涝灾害最严重的四条河流之一。

刘光复上任次年，正好遇到天降暴雨，江堤决口，田地被淹没，房屋大量倒塌。沿湖百姓流离失所，望着河流悲痛万分，哭泣哀号声响彻天地，昼夜不停。刘光复对此感触极深，下定决心要解决水患，以使百姓能够安居乐业。

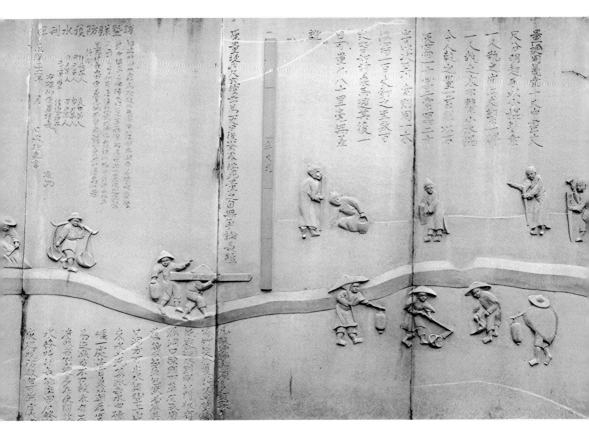

《浣水源流图》局部（来源于河长网）

为此，刘光复沿着浦阳江，从上游到下游，从大侣湖到白塔湖，进行了详尽的实地勘察，对当地山川地貌和水利形势作了一番细致的了解。同时，刘光复还注重深入百姓开展调研工作，通过走访沿岸群众，尤其是附近的乡绅、长老，以及相关专业人士，彻底掌握了浦阳江沿岸的地势、水势、埂情、民情等关涉江水治理的各方面要素。基于此，再通过翻阅大量历代相关浦阳江治理资料并结合自身的经历与思考，刘光复最终拟订了《疏通水利条陈》11条与《善后事宜》34条，科学全面地总结概括了治理浦阳江的思路与方法。其中，刘光复因地制宜创造性地提出了"怀""捍""摒"相结合的综合系统治水方法。三者各具作用，"怀"指的是蓄水，通过吸纳存储水源的方式，一方面通过削减进入下游河道的洪峰流量，以达到减免洪水灾害的目的，另一方面蓄在水库的一部分洪水可在枯水期有计划地用于满足农业灌溉等的需要；"捍"指的是筑堤防，正面削减破坏性的洪峰，从而降低大坝下游的水流流量以减轻洪涝灾害带来的各种直接与间接损失；"摒"指的是畅其流，通过疏导的方式，将短时间内大量积蓄的洪水分解到支流中加以分散，大幅度减弱水流的冲击力强度，从而降低水患发生的可能性。

在具体的实施过程中，刘光复身先士卒、率先垂范，以身作则组织沿湖百姓进行堤坝等水利设施的建设与修缮工作。首先，从全诸暨县中田亩最多但受灾害最频繁的大侣湖与白塔湖着手，通过聚集大量民工并合理规划建设方案与科学制定实施工期，在较短时间内就建成了宽阔到可以在其上通行车辆的堤埂。同时，刘光复还通过深入调查研究，提出了更为公平的税费承担方式，即建设税费由原先的按户承担改变为按田亩数量承担，从而在一定程度上减轻了贫困百姓的负担，激发了他们的建设积极性。在沿湖百姓的艰苦奋斗和长达几年的坚持下，诸暨最终建成湖堤72处，通过围湖方式形成新的良田数十万亩，还新建粮仓数十间以防突发灾害。

刘光复结合多年治水实践经验，将先期制定的《疏通水利条陈》与《善后事宜》等系统编撰成水利专著《经野规略》。《经野规略》如今尚存，至今不失参考价值。该书被历代誉为诸暨水利建设的"治谱"和"成规"，成为诸暨水利建设的宝典。《经野规略》全书分为上卷、正卷、下卷共3卷4册，10万余字。上卷着重记载了刘光复诸暨治水的方略和一些具体实施办法，主要内涵集中在首篇《疏通水利条陈》一文中。《疏通水利条陈》共10条，规定内容之详全细微令人叹服。其后有《善后事宜》篇，共34条，涉及施工、管理和防汛救灾等诸多方面，是对前述10条方针的进一步具体化。正卷中记述的内容主要分为两大类，一是刘光复任内经办的水事纠纷案件处理文书，共19件；二是部分水利工程修建始末碑记、祝文等，共26篇。这些珍贵的水利史料，为刘光复以后历任诸暨地方官处理水事关系和规划水利工程提供了良好的范例和依据，也是了解诸暨水利沿革的可靠档案资料，价值不可估计。

下卷卷首有刘光复亲自勘定的《浣水源流图》。图幅宽 22 厘米，分成 14 张，全图总长 4 米，在绘画条件极差的当时实属不易。

刘光复在治水过程中的一大创新之举是实施"圩长制"管理水利。他在实地踏勘中发现，从实际出发，治理诸暨水患，除了要采取工程措施外，更需要落实责任人制度。于是，刘光复创造性地提出了圩长制，以开展有效的工程建设和管理。圩长制具体可分为实施目的、主要职责、生产及管理、官吏相应责任、提倡和谐治水等多个方面的内容。刘光复创立的"河长制"不但在诸暨治水历史上有至关重要的作用，在我国治水史上有崇高的地位，而且在全国实施河长制的新时代的今天也有着重要的借鉴意义。

刘光复治水，在一定程度上有效地减轻了浦阳江的水患，改善了当地群众的生产生活条件，其功不可没。据志书记载，当年诸暨境内人民对刘光复感恩戴德，纪念他的"刘公祠"曾多达 63 座，可见刘光复治水功绩在诸暨人民心中的影响之深。民众称颂他为"诸暨的夏禹"。

———————

参考文献

[1] 裘甲民 . 刘光复与《经野规略》[J]. 中国水利，1989(05).

[2] 邱志荣，茹静文 . 明代浦阳江治水史上的杰出创举——诸暨知县刘光复推动实施河长制 [J]. 紫光阁，2017(02).

体百姓之疾苦
治三河于安然
——朱之锡

朱之锡 (1623—1666 年)，字孟九，号梅麓，义乌义亭龙头朱山头下村人，是清代著名的治水官员。顺治三年进士，后任弘文院学士、吏部侍郎，又历任兵部尚书兼都察院右副都御史、总督河道等职。朱之锡治理黄河、淮河及运河长达 10 年，殚精竭虑，卒于任上，年仅 44 岁。三河人民对他的恩德赞不绝口，把他尊为"河神"，并于沿河建了一座庙宇，供其为"朱大王"。

朱之锡在顺治十四年十月初八的时候，带着家人抵达济宁总督河署，开始走上了治河的艰辛之路。

鞠躬尽瘁治三河

中国的河患源远流长，其中黄河和淮河的河患是最严重的。黄河因明末清初数十年的战事，致使河堤荒于疏浚，河道不断向北决流，河道运输受到严重影响，治理河段的任务非常繁重。朱之锡上任时，清王朝刚刚建立，百废待兴，政府拨款的治水资金往往是捉襟见肘。

顺治十五年 (1658 年)，黄河不断决堤，几成大患。为了治理黄河与运河之交的重口淤塞，时为总督河道的朱之锡亲勘工地，从石碑口往南，别开新河 20 丈，以接

朱之锡

连大河，终使河水流畅自如。

　　朱之锡治水常常亲自在外面巡逻。夏天不张伞盖，冬天不穿皮衣。要么在荒山野岭的破庙中过夜，要么在治河场上与民工一起干到第二天早上。他既对民工夫役怜悯体恤，以粮代赈，为民解困去忧，又革除陋规，立碑于道，严禁官吏苛待民工，为民昭雪、平反冤狱。相传，兖州有一位名叫朱明量的恶人，因为私人恩怨，污蔑胡守法。胡守法被冤枉，入狱，全家被杀。胡守法虽然屡次上书，却因为朱明量收买了官府，无法翻案。正巧朱之锡在兖州巡河，胡守法的亲戚们奋不顾身地向总河府申诉。朱之锡知道后非常重视，深入调查，最终为胡守法洗清冤屈，朱明量等人也受到了应有的处罚。

　　顺治十六年春，朱之锡又亲驻山阳苏嘴一带，排除五大工程中的危险问题，清理了诸多弊端。后又奔赴太行老堤，制定治河决策。他建议中州各地派遣的夫役按照 15 年以前的属地，分远近和轻重缓急，渐次调用民工，这既保持了正常需要人数，又做到了合理摊派夫役，百姓心悦诚服。朱之锡每年都要清理各地河官的财务，发现贪污渎职者，一律严惩。

大运河是清朝北自京师口、南抵杭州湾的一条水运大动脉。三河交汇处更是朝中南北运输的咽喉要道。这条清朝漕运的水上生命线，一旦梗阻、粮草难行，兵马不动，后果不堪设想。顺治十八年（1661年）冬，清江至高邮300里之间因水患，河道几成平地。朱之锡召集民夫彻底清淤疏浚。他奏请朝廷发给民夫粮食以作报酬，稳定了民心。因此，治水工程虽然浩大，劳工却不短缺。朱之锡鉴于运河因水灾或干旱都无法通航的实际情况，奏请朝廷修建了南起台儿庄、北至临清的多处调节水流的闸门，并严格控制船只运载的重量和开启、关闭水闸的时间，使运河得以终年通航。

康熙亲政以后，把河务当作巩固清朝统治的重大政治任务，加强对水利的整治。康熙元年（1662年），朱之锡任期已满，因功绩卓著，仍为康熙重用继任河道总督，成了两朝治河重臣。在康熙帝执政的最初15年内，黄河频频决口，给中原产粮区和江南富庶之地造成惨重的经济损失，直接危及清政府的财政收入，影响到局势的稳定。朱之锡亲自坐镇治水场，指挥水灾治理，筹措民工和物资，以致手、脚、嘴都起了溃疡，但始终没有离开过一步，直至抗洪成功。

朱之锡十年如一日，心系三河，尽忠职守，为了治水，常常废寝忘食，日夜操劳，即使积劳成疾也不告假治病调养，以致身体虚弱。朱之锡虽然赡养母亲于署中，但因总督七省的河务缠身，南北交驰，常年不在府中，难以守候在母亲身边以尽孝道。母亲去世后，他不得不在职守丧，他一边披麻戴孝、一边不分昼夜地奔波在沿河工地上，留下了"两年任所寄母棺"的美名。由于他的呕心沥血，三河水患得到极大程度的抑制。在他任总督河道的十年中，没有发生过重大水灾，沿河人民得以安居乐业，而他"河神"的美名也传遍天下。

清廉勤政泽黎民

朱之锡廉洁奉公、为民造福的事迹，被两河百姓争相传诵。在治水过程中，他曾数次上书，陈沿江百姓疾苦，劝朝廷体谅百姓，合理分拨劳力，发放银米，以粮救济，使两河百姓得到更多休养生息的机会。沿河百姓都称赞朱之锡是为民服务的一等良吏。

朱之锡为官清廉，对于官场上的腐败现象深恶痛绝。在他担任兵部尚书、都察右副都御史期间，对贪官污吏进行惩处达15次之多。他为人宽厚，对那些被罢免的官员，总是以仁爱的方式，给他们提供生活上的帮助。受罚官员们因此懊悔不已，对朱之锡的高风亮节，无不动容，千恩万谢。

　　对于那些在治水工作中表现突出的官员，朱之锡则极为珍视和爱戴。他上任不久，就以《特诣岁行举劾疏》上书顺治皇帝，言明所有官员和下属都要遵守律法，严格执行奖惩制度。每年除了弹劾那些表现欠佳的官员之外，朱之锡还会在朝堂上表扬表现出色的官员。朱之锡还撰写了大量研究报告，对治河、漕运等重要项目，提出很多富有建设性的见解。一部几十万字的《河防疏略》，一百多份奏折，全部被朝廷采纳。

　　朱之锡毕生致力于治水。他事无巨细，身先士卒，鞠躬尽瘁，为天下苍生着想。他在临终前完成了《患疾日深疏》，表明了他治水的决心，详细说明了自己的治水

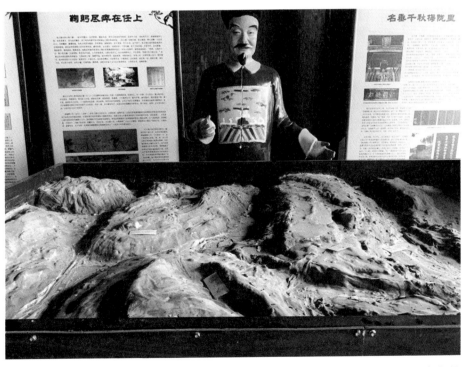

朱之锡

经验和自己的辞职理由。朱之锡撒手人寰时，才 44 岁。

对于朱之锡治河，《梅麓公行略》如此记载："其治河也，董口淤，从石碑口迤南新河二百五十丈，接连大河，以通飞挽，山阳、苏嘴五大险工，丛弊一清。条议中州夫役分别远近渐次调用，人服其公，清理旷尽银两，达部充饷。其惠民莫如轸恤，夫役沸州路，当子午挽舟之夫，勋以万计，僵卧于道者不可胜数，具纤夫苦累。一疏备陈，其不堪者六，曲有调剂者四。上嘉其奏，下部议覆，立碑于道，民困少苏。会岁稷山左中州淮南，道馑相望，设法倡赈，全活者众。奸民朱明量诬胡守法不逞事。株连数百十家。亲谳款伏，良善获安。其他慈祥惠养，未易更仆数。此真公忠体国，鞠躬尽瘁者也。"

朱之锡一生治水，为官清廉正气。他治理河道，为天下苍生服务，甘愿为国献身、鞠躬尽瘁的精神，为后世所铭记。

———————

参考文献

[1] 王如高 .100 位水利名人 [M]. 南京：河海大学出版社，2009.

[2] 胡梦飞 . 由河臣到河神：清代朱之锡信仰的建构与传播 [J]. 黄河文明与可持续发展，2020(02).

[3] 刘春田 . 朱之锡：总督河道"朱大王" [J]. 中国三峡，2016(05).

[4] 金诗灿 . 浅析朱之锡的治河思想及其实践 [J]. 理论月刊，2009(10).

[5] 娄占侠 . 朱之锡治河 [J]. 华北水利水电学院学报（社科版），2008(04).

坎坷不改治河之志 精研治黄劳绩昭然——陈潢

陈潢(1637—1688年)，字天一，一作天裔，号省斋，浙江钱塘县(今杭州市)人，一说秀水(今嘉兴)人。清朝治河名臣。著有《河防述言》《河防摘要》。自幼不喜八股文章，偏爱攻读农田水利书籍，因此科举屡试不中。后放弃科举，专攻农田水利和经世致用知识，并到宁夏、河套等地实地考察，了解黄河现状，精研治理黄河之学。因治理黄河取得突出成就，黄河两岸流传许多有关陈潢的传说，老百姓将其看作"河伯再生"。

壮志未酬　巧遇知音

黄河水患，由来已久。清初入关，连年战争，无暇治黄。一旦黄河决口，乡民溺毙数万，百姓苦不堪言。陈潢对历年黄河决口特别关注，希望为治黄出一份力。为了探明黄河决口的根源，找到治理黄河的方法，陈潢决定自费对黄河进行深度的考察。他风餐露宿，跋涉数百里，途经江苏、河南、山西、宁夏，一直到黄河上游甘肃，勘察黄河流域的地形、水情，甚至亲自驾船在风浪中测量水的深浅和流速。据载，这段实地考察历时两月，泥行千里，"遍历河干，广咨博询，求贤才之硕画，访谙练之老成，毋论绅士、兵、民，以及工匠、夫役人等，凡有一言可取，一事可行者，莫不虚心采纳。"

　　实地考察以后，陈潢找到了黄河决口的根源。原来，黄河从黄土高原携带大量泥沙，到河南、江苏等地时，由于这里地势较低，水流较慢，从上游带来的泥沙大量沉积，河道慢慢堵塞，河床不断加高，从而造成决口。陈潢实地考察黄河时看到河套夹岸，沃坡千里，急待兴水利除水害，因而更加坚定了终身从事水利工作的决心。然而，当时的陈潢乃一介平民，才华抱负无处施展。

　　康熙十年，屡试不第的陈潢游学京师，路过邯郸，委身于吕祖祠时，曾在壁上题诗一首，曰："四十年中公与侯，虽然是梦也风流。我今落魄邯郸道，要替先生借枕头。"陈潢这首诗借用"黄粱一梦"的故事，抒发了自己壮志未酬的心情。第二天，新任安徽巡抚靳辅从北京赴安徽上任，因避雪进入吕祖祠。靳辅是个爱惜人才、想

电视剧《天下长河》中"陈潢"的剧照

为民办实事的清官。他刚走进祠堂，就看到墙上的题诗，连连赞叹诗中流露出的气节和一手好字。当时，他新官上任，求贤若渴，于是立即派人手四处寻找诗的作者。

功夫不负有心人，陈潢很快被找了过来。靳辅见他眉清目秀、气宇轩昂，只是有些衣衫褴褛，便亲切地与之交谈起来。陈潢见靳辅为人真诚、平易近人，便详细述说了自己考察黄河的艰苦历程，表明了治理黄河的志向以及怀才不遇的忧愤。靳辅听了感动不已，便诚挚地邀请陈潢一起去安徽施展抱负。从此两个虽然地位不同但志向相同的人成为知己，开启了长达十年的联手治理黄河的历程。

联手治黄 劳绩卓著

清初黄河水患频发，灾害肆虐。据记载，1662—1678 年间，仅黄河决口就达 67 次之多。康熙元年，河南黄河决口，灾水所到之处，一片汪洋泽国，到处尸横遍野，庄稼颗粒无收，百姓深受其苦。治理黄河，也被康熙看作治国安邦的三件大事之一，曾"夙夜廑念，曾书而悬之宫中柱上"。他多次选派能干的官员进行大规模的治黄，堵塞黄河决口，但几乎都以失败告终。1677 年，康熙皇帝决定调任精明能干的安徽巡抚靳辅为河道总督，负责治理黄河。

靳辅上任不久，黄河再一次告急。因决口十分严重，黄河的水几乎都从决口处倾泻出来，以至于大运河也几近瘫痪。面对危急形势，陈潢尊重科学、重视调查，他对靳辅说："请为公跋涉险阻，上下数百里，一一审度，庶弘纲克举，而筹划乃可施也。"实地考察后，他们意识到要根除河患，必须对黄河、淮河和运河进行综合治理，并且要上游、下游一起治理。

经梳理黄河水情资料和周密策划构思，靳辅一日之内向康熙皇帝连上八道奏折，明确提出"治河之道，必当审其全局，将河道运道为一体，彻首尾而合治之，则后可无弊也"，系统地提出了治理黄河、淮河、运河的全面规划，制定了治水的策略和措施。康熙皇帝被他们的治水蓝图打动，于 1678 年批准开工，并且拨发工程费用银两 250 多万，征发百万民夫，开始了声势浩大的治水工程。

开工伊始，面对"运道之阻塞，率由于河道之变迁"、淮河泛滥也因黄河南徙夺其道所致，陈潢力谏靳辅，反对当时朝廷部分官员提出的"防河保运"意见，提出分期分批治理黄河、淮河、运河思路，并决定率先治理黄河，"堵决口，疏河道，筑堤防，让黄河水归故道"。

黄河因多沙且长年淤积、河床高于两岸，成为一条悬河，这也是陈潢探明的黄河水患频发的根本原因。考虑到"堤成则水合，水合则流迅，流迅则势猛，势猛则新沙不停，旧沙尽刷，而河底愈深"，陈潢继承潘季驯筑堤束水、以水攻沙的思想，提出"治河必以堤防为先务"的思想，他们"先开清河引河四道，塞高家堰、王家岗、武家墩诸决口，筑堤束水"。在筑堤防洪的同时，陈潢还提出，因河段不同、季节不同，治理黄河应该因地制宜、因时制宜，"或疏，或蓄，或束，或泄，或分，或合，而俱得自然之宜"。

除了束水攻沙外，他们还总结出"川"字形疏通河道的方法，即在堵塞决口之前，先在旧河床上的水道两侧三丈处，各开一条宽八丈的深沟，加上中间的水道，形成"川"字形。堵决口，挽正流后，三条水道的急流便很快将中间未挖的泥沙冲走。这样既减少了开挖泥沙的工作量，开深沟挖出的泥沙又可加固两岸的堤防。

经过陈潢、靳辅的日夜奋战，黄河两岸 21 处大决口全部堵塞，河道基本疏通，初步实现了水归故道。治理淮河和运河的工程也先后开工。治河的十余年间，陈潢出则随辅"荒度经营"，入则"料理文告"。如是不避寒暑，无分昼夜，与大工为始终者，十年有如一日。

至 1683 年，靳辅、陈潢的治水工程终告完成。此时黄河回归故道，淮河出流顺畅，漕运也畅通无阻。1684 年，康熙南巡，对河工成就十分满意。在山东召见靳辅，慰问有加，并赐以手书的《阅河堤诗》："防河纡旰食，六御出深宫。缓辔求民隐，临流叹俗穷。何日乐稼穑，此日是疏通。已著勤劳意，安澜早奏功。"当时，康熙还问靳辅："尔必有博古通今之人为之佐！"靳辅慷慨答道："通晓政事有一人，即陈潢。凡臣所经营，皆潢之计议。"并说，"臣垂老多病，万一即填沟壑或卧病不能驰驱，则继臣司河者，仍必得陈潢幕佐之，庶不歧误。"帝准其所请，并赐陈潢佥事道衔，参赞河务。

黄河、淮河、运河河水各归故道后，苏北一带"向之万顷汪洋无涯际者，自今逐渐涸出"，大片土地回归良田。陈潢建议靳辅，采取屯田之法，让百姓屯居垦殖，

水利千秋 廉润初心——浙江治水历史人物廉洁故事

发展经济。然而，屯田意味着政府要收归这些土地，这直接引发了部分当地权贵的强烈反对。权贵们群起而攻之，说靳辅"夺民余田"，骂陈潢"国之蠹而民之贼"。1688 年，陈潢因诬陷被捕入京，未及下狱便病死了。直至 1692 年，才得以平反昭雪。

陈潢为治理黄河作出了杰出的贡献。经治理，黄河水患大大减轻，周遭百姓得到十几年的安宁。陈潢治理黄河的丰富实践经验和宝贵的理论著述是中华民族治水史的重要组成部分，亦是我国治河理论宝库中的珍贵遗产。陈潢一生命运坎坷，但丝毫不改治河之志。他在水利事业上的智慧、功绩和奉献精神，将流芳千古，永垂史册。

参考文献

[1]　王如高 .100 位水利名人 [M]. 南京：河海大学出版社，2009.

[2]　陈陆 . 靳辅 陈潢：联手治黄 劳绩昭然 [J]. 中国三峡，2012(08).

[3]　李云峰 . 试论靳辅、陈潢治河思想的历史地位 [J]. 人民黄河，1992(12).

[4]　宋德宣 . 陈潢治河简论 [J]. 杭州师范学院学报 (社会科学版)，1986(02).

筑塘复垦定海兴
廉政爱民千古传
——缪燧

缪燧 (1650—1716 年)，江苏省江阴县申港镇人，字雯曜，号蓉浦。缪燧自幼聪颖好学，十六岁就以贡生资格被举荐到最高学府国子监读书，博通经史，精研吏治，考试两拔头筹，奠定了日后为官从政的坚实基础。清康熙十七年 (1678 年)，缪燧任山东沂水县知县，康熙三十四年 (1695 年)，调任浙江定海 (今舟山) 知县。为官三十余载，一生勤于政事，廉洁奉公，尤其是在定海任知县的二十二载岁月里，筑塘复垦、劝学兴教、减赋免税、葺城捐俸、查寇缉盗……为定海从迁弃的荒岛发展为富庶之地而鞠躬尽瘁，不仅赢得了百姓的一致爱戴，还得到了康熙皇帝的多次嘉奖，最后积劳成疾，于康熙五十五年 (1716 年) 逝世于任上，享年六十七岁。

缪燧初任沂水知县时，就已经留下惠政。当时沂水发生饥荒，朝廷派使臣赈灾，欲购米济南。缪燧认为济南路途遥远，往返耗费时间，且运费昂贵。缪燧请求改为直接发放现银，由百姓自行购米，使臣以有违朝廷旨意不予赞同。缪燧则据理力争，上疏奏请并得到允许。但不料库存银两不足，缪燧于是慷解私囊，倾囊相助，解救百姓于倒悬。因连年饥荒，百姓大多流离在外，缪燧又变卖江阴老家的田产筹措资金，为流民偿还赋税，购牛买种，招民复垦。百姓感激缪燧，曾命名一桥为"缪公桥"，一乡为"缪公乡"。《定海大令蓉浦缪君传》一文记载缪燧离任时"百姓扶老携幼，将送，号哭终日不绝"，可见缪燧为官伊始，便已践行解民之忧、排民之难的廉洁奉公精神。

康熙三十四年(1695年)，缪燧补授定海知县，他把妻儿留在江阴，只身一人奔赴定海。缪燧是舟山自唐开元二十六年(738年)始设县治以来任期最长、贡献最大、造福最多的县官，他是死后唯一被列入宁波府名宦祠供奉的清代定海知县，更是唯一被编入《清史稿 · 循吏传》的定海县官，堪称古代清官廉吏的表率。在定海知县任上，为改变定海地瘠民贫的困境，缪燧因地制宜、审时度势地实行了筑塘垦荒、劝学兴教等一系列务实新政，同时以勤政为民、清廉不欺之风为后人称颂。

筑塘碶以安百姓

明清易代之际，定海战火不断，加之清初继续实行海禁政策，数次强令岛民徙入内地，导致定海人口锐减、土地荒芜，可谓民生凋敝、遍地疮痍。随着清王朝海禁的解除，"百度草创"的定海也开始了重建，安定海的重任也就落在了缪燧身上。定海孤悬海中，常受海潮泛滥、风浪侵袭，海水倒溢侵田毁屋，严重危及百姓的生命财产安全。加之海岛地形，河流较短，淡水缺乏，海水卤咸不宜种植，给经济发展、民生福祉带来极大困境。为抵御海潮入侵，从南宋开始定海便逐步发展了筑海塘、建碶闸等工程，但因明清多次海禁，定海用来捍卤蓄淡的海塘碶闸因年久失修而废圮。有鉴于此，缪燧把筑塘修闸、御咸蓄淡定为治县的首要方略，大力招抚流散，带领民众兴修海塘数十条，修复碶门百余所，挖河几十条，掘井数百眼，造田万余亩，"国计民生均为攸赖"。

东横塘和西横塘，是舟山市普陀区沈家门渔港发展史上发挥着重要作用的两条海塘，便是由缪燧主持筑造的。康熙二十三年(1684年)，朝廷颁布"展海令"，沈家门百废俱兴，尤其是渔业发展迅猛，然而海塘湮废，津渡淤塞，渔业生产、渔民生活受到极大影响。康熙四十八年(1709年)，审时度势的缪燧经过一番实地勘查和精心谋划，当机立断，拨下官银，先后在沈家门修建起东横塘和西横塘，并将两塘连接，挡潮水于海塘之外。自此，沈家门以塘崛起，海塘内外，千舟云集，海物错杂；街口上下，市肆骈列，商贾云集，为沈家门成为世界三大群众性渔港之一奠定了基础。

缪燧务实为官、勤政为民的口碑也在沈家门传颂至今。

根据康熙《定海县志》、光绪《定海厅志》有关资料可知，缪燧共修海塘三十六条，长二万五千五百六十丈，其工程和规模可谓史无前例。缪燧为官一任，筑塘不止，造福不断。不仅如此，缪燧在筑塘期间还麻衣布履，事必躬亲，与百姓同甘共苦。如修筑大展塘时，缪燧与民工同吃、同住、同劳动十余天，后百姓感其恩德把该塘称为"缪公塘"。修筑榭浦塘时，他与百姓一起劳动，直到不慎扭伤了脚，衙役请来医生为他治伤，人们才得知其知县身份，乡民敬佩万分，于是都亲切地叫他"筑塘老爷"。后来百姓感恩其筑塘之功，欲建造大庙供奉，均被缪燧坚决拒绝。缪燧心系百姓，情系民生，忧民之所忧、急民之所急，这种为官做事的务实作风和勤政精神，在历史上一众清官循吏中也堪称不可多得的楷模。

葺学宫以振文教

自明洪武二十年（1387年），朝廷撤销昌国县建制，县学被废，此后三百年定海境内再无县学，生员只能附学于邻县。直到清康熙三十年（1691年），知县周圣化才在芙蓉洲重建学宫。缪燧初来定海时，学宫已经残破不堪，他认识到对于开化海岛民众，重教兴学是当务之急，于是开始千方百计筹措修建学宫的经费。除了捐资捐俸，缪燧出台占籍认垦等筹资举措，经过数年的努力，与生员黄灏等集资修葺学宫，扩建启圣祠，修御书楼，开凿泮池，请学宪定学额，奠定了定海学宫的基本格局，也奠定了舟山教育事业的基础。

除了重修学宫，缪燧深感定海"子弟十三四以上皆樵牧，不知诵读为何事"，文化普及率很低。缪燧于是又捐俸在县衙后面建起了十余间房屋，创建了定海第一所义学，又在各乡各岛相继创办义学，并置学田二百余亩以资其用，购书数十部以供诵习，文教聿兴。办学之初，缪燧更是费尽周折，将宜学对象逐一登记，"无论秀朴"，均上门动员，对于贫寒子弟，允许免费入学，使贫寒子弟也能知书明礼。在他的努力下，定海学风渐兴，士风蔚起，"岁科两试，每试得六七人。十余年来，朴者秀、漓者淳，与他邑占籍之士并驾齐驱，而就学者益多"。清康熙五十一年（1712年），为感激缪燧振兴教育、教化一方的恩德，生员黄灏等人为缪燧修建功德生祠，

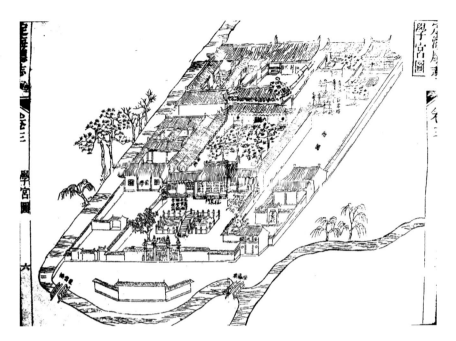

刊于光绪《定海厅志》中的学宫图

缪燧对此坚辞不受，将生祠改成读书治学的文昌书院。缪燧去世后，文昌书院与义学合并，后人以缪燧号蓉浦，称其蓉浦书院，康熙五十四年（1715年）立《蓉浦书院碑记》一座，以示纪念。

轻赋税以恤民生

除了筑塘复垦、劝学兴教的惠民举措之外，缪燧在减赋免税方面也令百姓感念不已。清朝廷对沿海地区所征渔税盐税是朝廷财政税收的重要来源之一，但官府为增加财政收入而巧立名目、横征暴敛，渔税种类就有人丁税、鱼课钞、渔船税、渔盐税、鱼苗税等数种，渔民的课税负担越来越重，甚至入不敷出，苦不堪言。按当时的田赋制度，农民须在当年四月和十月，分两次缴清赋税。缪燧想百姓所想，实行"一条鞭法"，规定百姓在限期内可分期交纳，无力交纳者，可暂由官府通融垫付，秋后补缴。同时允许不是"灶户"（经过登记的盐民）的农、渔民制盐，并改革盐税的征收办法，"计丁销引"，按照丁口发放营销凭证，每年按"人头"额定盐税。

为避免反复，缪燧还在知县大堂上立石刻碑，"永为定例"。

定海县原有涂税，即对沿海渔民进行海水养殖的泥涂征税。涂税本由渔户负担，后海涂多被豪强霸占，"民苦赔累"。缪燧得知后，立即调查核实，按查实后的情况对普通渔户加以减免，而对强占者加重涂税。另外，定海群众的日常用品，大多需要渡海到周边郡县购买，关卡吏役乘机苛索横征，中饱私囊，定海百姓则深受其苦。缪燧为民请命，竭力向宁波府申诉其弊，为定海百姓需用什物免征赋税而奔劳，并在海关立石永禁，以杜后患。定海复建不久，百废待举，民众更需要休养生息，轻徭薄赋，而不是与民争利。缪燧能够审时度势，尽心竭力革除陈规积弊，一系列举措有效减轻了百姓负担，真正做到了藏富于民、予利于民。

康熙五十五年（1716年），缪燧逝于浙江镇海任所，临终不言私事，只言县事及义学田亩，只留"事可对君父，心无累子孙，此乃余署定海之座右铭，平生无他，惟不欺二字而已"之遗言。缪燧一生"不欺"，他无愧朝廷厚望，更无愧定海百姓。浙江巡抚徐元梦在闻知缪燧殉职后，含泪题写"王事独劳"。四字虽简，却包含了

缪燧纪念馆

缪燧一生"为生民立命"的廉吏情怀。缪燧在定海为官二十余载，捐俸难计其数，惠政不胜枚举，但他去世时家中别无长物，连丧葬费都是靠上司拨给，一生克己奉公，竭诚为民，两袖清风。

当定海百姓得知缪燧去世的消息后，"巷哭途号，哀声遍野"，吁请将缪燧留葬定海，但缪燧之子"号泣力争"，坚决要求归葬。后礼部裁定"遗骸归葬故里，定海建衣冠冢"，遂将部分生前衣物葬于定海。2015 年 3 月，缪燧纪念馆在定海区小沙街道落成，现已成为"舟山市廉洁文化教育基地"。虽然沧海桑田，世事变迁，但为民不欺的缪燧精神却如一缕海上清风，穿越时空，历久弥新。

参考文献

[1] 舟山市定海区政协教文卫体与文史委 . 定海知县缪燧 [M]. 北京：中国文史出版社，
     2010.

[2] 《定海县志》编纂委员会 . 定海县志 [M]. 杭州：浙江人民出版社，1994.

[3] （清）赵尔巽，等 . 清史稿 · 缪燧传 [M]. 北京：中华书局，2015.

[4] 谢湜 . 明清舟山群岛的迁界与展复 [J]. 历史地理，2015(2).

筑塘治河尽出俸薪
兴学为民无微不至

——俞卿

俞卿（生卒年未详），字恕庵，又字元公，云南陆凉州（今云南省陆良县东北）人。清康熙二十年（1681年）举人，康熙五十一年任绍兴知府。俞卿性刚毅果敢耿直，为政清俭。在绍兴任知府十余年，治理严峻，敢于打击豪强，扶持贫弱，惩办恶吏刁民与强盗窃贼，使得社会秩序安定，全境风气肃然，无盗抢事件发生。绍兴人民在永福寺门的右侧设立俞公祠，以感恩俞卿的功绩。后人将其与戴琥、汤绍恩合成绍兴水利史上的著名三公。

俞卿的功绩主要包括以下四个方面。

一是筑海塘。清康熙年间，地处杭州湾畔的虞北夏盖山一带人民反复受到钱江大潮的侵扰。其原因为海潮流向摆动，形成海涂滩地北涨南倒，潮水向南岸袭来，不仅冲毁了虞北沿海一带的无数良田，更严重的是把夏盖湖冲开了缺口，湖海相通，湖水由淡变咸，环湖三四十万亩稻田无水灌溉，禾苗枯死。周围百姓无水可喝，纷纷病倒，灾情十分严重。于是，上虞知县和沿海百姓频频向绍兴府告急。

俞卿由兵部郎出任绍兴知府，上任不到三日，就收到了告急文书。他急忙赶赴海边踏看现场，详察民情。当俞卿看到夏盖山一带大水一片，百姓挣扎于水害之中的凄惨之状，感到十分心酸。他无意中一连写了几个灾字，深有感触地低头叹息："原来古人用水火两字并成灾字，又把水放在上面，视为第一，这是很有道理的。"俞卿感慨之余，一股愤懑情绪霎时涌上心头：历任知府、县丞，他们食民之禄，见百姓受此苦难，却置若罔闻，死活不管，决非为官之道。于是在踏看现场回府后，俞卿立即向康熙皇帝送去奏本，提出了筑塘御潮是富国利民之计。朝廷准奏，下达圣旨，封俞卿为治水总督，负责建造绍兴府下属的沿海堤塘。俞卿接到圣旨，心里非常高兴，四处张贴布告，广为发动。为筹集经费，他一方面"尽出俸薪"，修筑山阴海塘，个人捐资就达到全部费用的一半；另一方面也排除阻挠，颁布《江田归江告示》，将沿塘豪门隐匿不报的九万三千余亩江田统一造册课税，并规定受益范围的负担办法，有钱出钱，无钱出力。在集资过程中，俞卿碰到一户被称作"叠谷府"的皇亲国戚抵制，不肯出钱负担造塘费用。俞卿不畏权贵，把"叠谷府"（今金冯刘村之后）拦出塘外，以示惩罚，此决定大快人心，也加快了工程的推进力度。

俞卿上虞筑石塘浮雕图

清康熙五十五年四月，造塘工程全面动工，其中上虞到余姚沿海要建造一条 60 多里的大塘，根据塘基土壤情况，很大一部分塘脚是用松树打桩铺底，再用大条石堆砌。条石从山阴县采集，需航行三四十里，最终动用运石船一万余艘，足见工程的艰巨。在工程进行过程中，俞卿身先士卒，风餐露宿，曾有一段时间，甚至与造塘民工移住在东关天华寺内一同奋战。最终工程于康熙六十年五月全线竣工。后来，有一部分土塘复遭溃决，俞卿认为土塘难以持久，又易土为石，筑成石塘。他亲自前往上虞监工，筑石塘二千三百余丈，土塘一万一千余丈。经过多次加固，终于将海潮挡在塘外，从而维护了塘内人民的生命财产安全。夏盖湖也蓄满了淡水，可以灌溉良田数万亩，使上虞水患渐趋平和。后会稽东部和萧山也遭水患，俞卿又赶赴会稽筑东部防海塘三千余丈，建造萧山西江石塘四百余丈。

由于政绩卓著，俞卿受到康熙皇帝的召见，乾隆下诏"还郡侯选"准备提拔。恰逢其时，上虞海塘又受到海潮侵袭而尽溃，浙江总督与巡抚拟由其负责上虞海塘修复。在升调与留下修塘两者抉择之间，俞卿毅然选择了后者。他说："此工不完，后将谁任？设官为民，民事未周，虽超擢不愿也。"俞卿提出"海塘一日不可不修，一处不可不固"，在他的主持下，筑成山阴、会稽、上虞三县沿海石塘，使附近数十万户百姓仿佛重获新生。百姓为表感恩之情，为俞卿设立寺庙，并将海塘命名为"俞公塘"。

二是治府河。俞卿对于治水意义有精辟的理解，他认为河道犹如人之血脉，淤滞成病，疏通则健。浙东运河在绍兴府城内的一部分叫府河。府河跨山阴、会稽两县，纵向从府城江桥至南门到昌安门，横向从府城都泗门到西郭门。中间支河很多，都可以通行舟楫。河道并不宽阔，加上居民任意糟蹋，随意搭建水阁、木桥、条石，河水严重污染，行舟困难。在到任后的当年冬天，俞卿即着手疏浚府河。他亲自察看沿河设障淤积情况，召集城中士绅代表，晓之以理。随后俞卿下令清淤，规定深度必须达成三尺，广度必须宽及两岸。他以各城门为起点，以一里为标准，分段包干，各段分包干水作业，由居民挑掘，官府清运，城乡共役。在康熙五十四年，俞卿下令尽撤城内河道上的所有水阁，以利通航。政令一出，沿河桥阁数日内即被拆除，即使有钱有权的大户人家也纷纷配合，不敢耽搁。同年，为使城河畅通无阻，俞卿立《禁造城河水阁碑》两处，分别立于城中府仪门和江桥张神祠，碑中首先说明立碑目的、绍兴城河地位，以及污染阻塞河道的危害，同时明确指出治理水环境不但要统一集中治理，而且要有长效制度管理，应当依法严厉处置侵占河道、污染环境的行为，破坏河道者要严格按律治罪。此碑为古代绍兴著名的水利规章之一，对后世治水产生了积极影响。俞卿恩威并举的措施，保障了城中河道的畅通无阻。

三是兴教育。俞卿捐俸修缮并扩建由明末刘宗周讲学的蕺里书院，题名"蕺山书院"，购置学出以赡养书院，并大力邀请名师前来讲学。同时，俞卿还与会稽知县张我观一起，修葺刘宗周曾经讲学过的证人书院，并题额"会稽县义学"，同样也购置田亩二十亩为馆谷，解决义学的一般开支。俞卿任内还重视文庙建修，大修禹庙、禹王殿、学宫新廨署、城隍神祠，其中大修学宫，使之成为"浙中诸庠第一"。俞卿对教育的关心，称得上无微不至。

四是修府城。他下令街衢以石碑坊为界，对乱搭建、乱设摊、乱占道等问题进行集中整治。与此同时，他还加固府城城墙，修筑府城的陆门与水门，以便百姓出入。

———————

参考文献

[1] 冯建荣. 绍兴有意思 [M]. 杭州：浙江工商大学出版社，2021.

[2] 邱志荣，茹静文. 明清绍兴三块著名水利碑 [N]. 绍兴日报，2016-12-19.

浚湖筑塘为民生
大公无私正风气
——李卫

李卫 (1688—1738 年)，字又玠，号恰亭，江南铜山 (今江苏徐州丰县大沙河镇李寨) 人。康熙五十六年 (1717 年)，李卫捐资员外郎，随后入朝为官，历经康熙、雍正、乾隆三朝，深受雍正皇帝赏识，历任户部郎中、云南盐驿道、布政使、浙江巡抚、浙江总督、兵部尚书、署理刑部尚书、直隶总督等职。李卫一生为官清廉，不畏权贵，善于体察民间疾苦，兴修水利，深受百姓爱戴。乾隆三年 (1738 年) 病逝，乾隆帝命按总督例赐予祭葬，谥敏达。

李卫之实，在于为国为民、实心任事。《清史稿》中曾评价李卫："世宗以综覈名实督天下，肃吏治，严盗课，实仓库，清逋赋，行勘丈，垦荒土，提耗羡，此其大端也。卫受上眷最厚，以敏集事。然当时谓卫所部无盗贼，斯亦甚难能矣。"短短几十字道尽了他的为人为官态度，公勤廉干、嫉恶如仇，得到了雍正的高度赞赏："天下巡抚中，实心任事、不避嫌怨、为国为民者，惟田文镜、李卫、杨文乾三人。"时任兵部右侍郎田从典更称赞道："非常才也！此席他日属君矣。"

李卫之忠，在于忠心耿耿、清正廉洁。雍正时期是李卫的高光时刻。短短十年间，他从一个从五品的员外郎闲职，一路提任，担任各种要职，并最终官居总督，成为朝廷一品要员、封疆大吏。其升迁速度不可谓不快，可见他受皇帝宠爱的程度。《史记·刺客列传》中记载："君以国士待我，我必国士报之。"雍正信任李卫，李卫也

对得起雍正，他们之间相互成就。纵览李卫的任职经历，不难发现，其长期主管或兼管一方盐政工作。早在雍正即位第一年，李卫便被任命为云南盐驿道，一年后升任布政使但仍兼管盐务工作。两年之后，已经任职浙江巡抚的李卫又被任命兼任两浙盐政使要职。由此说明，李卫在管理盐政、缉查私盐方面，功绩斐然。当时管理盐粮的官职是肥差，然而李卫却没被这样的利益所驱使，始终做到了清廉自明。

李卫之勇，在于大公无私、负责担当。清朝大学士尹继善曾经评价："李卫，臣学其勇，不学其粗。"即使面对皇亲国戚以皇权威胁和压制时，他也不畏不惧，不同流合污，反对偷税漏税。李卫在整顿浙江盐商时，重拳整顿，雷厉风行，成效明显。李卫不怕得罪各方势力，先出重拳打击几大盐枭，然后又弹劾几位背景复杂的官员。同时，及时向朝廷上疏，认为要治理浙江私盐猖獗问题，需要以海宁长安镇为中心，向外扩散，部署一定兵力，在关键隘口设置重兵巡逻，加强巡查和缉捕私盐贩卖者的力度。在李卫的整顿治理下，浙江盐政焕发生机，百姓吃到了低价盐，不再为高价盐而辛苦奔波，而浙江的盐税收入也翻了几番。

李卫到任浙江巡抚时，不仅惩贪官、处盐政、赈灾难，还开展了修海塘、筑湖堤等民生工程。李卫发现西湖淤塞严重，不利于当时排水，且地势平坦，易发生洪涝灾害，于是下令疏浚西湖，并用湖泥修筑了一条湖堤，用以通里六桥，"与苏堤之东浦峤纵横相接""自此西行通洪春桥边"，后人称之为"李公堤"。

　　在浙江期间，李卫还做了一件利国利民的大事，那就是修筑海塘。我国人口众多、自古重农，因而"水利灌溉、河防疏泛"系历朝历代首要工作。海塘即海堤，是拦截海潮侵袭的重要水利工程，是江浙沿海居民用来抵御海潮侵袭的重要防御屏障。雍正初年，浙江海宁、萧山、钱塘、仁和诸县境内的海塘每年都会决堤，虽然朝廷每年拨款维修，但都没有解决问题。雍正令李卫赴工查勘，李卫通过亲自实地考察，多方论证，给出了合理解决方案。李卫在考察过程中发现修塘的官兵与塘工普遍不够尽责，但他们并非不愿修筑海塘，而是筑塘实在太费体力，大家到了下午就没力气干活。于是，在当地茶馆老板的推荐下，李卫选择了茶馆特制的充饥效果很好的"眼睛糕"，将其改名为"堰虀糕"，派人天天免费往海堤上送，当作充饥点心，"一

堰虀糕（又称"李卫眼睛糕"）

物两用眼睛糕"的故事慢慢流传开来。必须说明的是,李卫修筑海塘,没有用朝廷拨款,而是在浙江多方自筹资金, "除应动用正项之外,皆系每岁设法盐务等类节省额外盈余陆续抵用",还奏准勒令浙江籍贪官污吏捐资助修,此举大大减轻了百姓税赋负担,为当地百姓称颂。

李卫身上体现出来的那种精神与品质,将永远激荡在汹涌澎湃的钱塘江畔与漫没的历史长河中。

参考文献

[1] (清)赵尔巽,等.清史稿[M].北京:中华书局, 1976.

[2] 崔瑛,吕伟俊.清官鉴[M].北京:中国方正出版社,2008.

[3] 中国第一历史档案馆.雍正朝汉文朱批奏折汇编[M].南京:江苏古籍出版社,1988.

[4] 《浙江通志》编纂委员会.浙江通志·海塘专志[M].杭州:浙江人民出版社,2021.

治水足迹横跨南北
为官从政刚正不阿
——林则徐

林则徐 (1785—1850 年)，字元抚，又字少穆、石麟，晚号俟村老人、俟村退叟、七十二峰退叟、瓶泉居士、栎社散人等，福建侯官县 (今福州) 人，中国清代晚期著名政治家、文学家、思想家，民族英雄，嘉庆十六年 (1811 年) 进士，历官翰林编修、江苏按察使、东河总督、江苏巡抚、湖广总督等职。道光十九年 (1839 年)，以钦差大臣赴广东禁烟，派人明察暗访，强迫外国鸦片商人交出鸦片，并将没收鸦片于虎门销毁。该事件被认为是第一次鸦片战争的导火线。战争爆发不久，林则徐被构陷革职，发往新疆戍边。道光二十五年 (1845 年) 重获起用，历任陕甘总督、陕西巡抚、云贵总督等职，加封太子太保。道光三十年 (1850 年)，林则徐在奉命镇压拜上帝会起事途中，病逝于潮州。

一提起林则徐，人们很自然地会把他和禁烟运动、抗英斗争联系起来。在世人皆知的虎门销烟中，他不受鸦片烟商贿赂，视钱财如无物，彰显了不畏强权、刚正无私的高尚品质。他的铜像被华人树立在美国纽约华埠，以此弘扬反毒、禁毒和救国拯民的崇高精神。他在发配伊犁的途中，仅用八个月就消除了河南开封水灾隐患，但依旧没有被将功折罪，毫无怨言地踏上了西行漫漫长途。"苟利国家生死以，岂因祸福避趋之。"正是林则徐为人处世和为官之道的真实写照。

这位名震中外的民族英雄同时还是一位功勋卓著的治水专家。在近 40 年的宦海生涯中，从北方的海河到南方的珠江，从东南沿海的太湖流域到西北边陲的新疆伊犁，都留下了他的治水足迹。无论是加封受赏，还是因陷谪戍，林则徐始终把兴修水利、发展农业、扩大生产放在第一位。林则徐把多年治水经验写进《北直水利书》中，其中提出的诸如防重于治、保持水土等一系列观点，至今仍有重要的借鉴意义。后来，他将此书改编为《畿辅水利议》，进一步丰富了水利科学理论，作为清后期重要的水利专著，对后世治水影响深远。

道光元年，林则徐到浙江任杭嘉湖道台。面对汹涌的江潮，他暗下决心，为官一任，造福一方，一定要尽快把海塘整治好。他将水利建设列为主要的施政内容，亲自勘察海塘水利，对旧塘脆薄者加以整修，所修新塘较旧塘高二尺许，并在以前规定的"五纵五横"之外增添桩石，以求牢固。为筹措资金，他自己率先捐资白银五十两，很快就筹到了一万五千九百五十二两白银。为了高质量修筑海塘，他时常在烈日下走访民间，探讨最佳方案。在施工价格核算上，林则徐坚守自己的信念：我办事讲究的是廉洁，我已经拿了朝廷的俸禄，怎么好私下里再收好处费，这岂不成了捞取

海盐鱼鳞大石塘　　**205**

不义之财？在修筑海塘的近一年时间里，他拒绝了各种理由的豪华宴请。此任虽然为时不长，他却博得道光的赞许。这次修筑海塘，也是林则徐投身水利事业的开端。

道光三年 (1823 年) 五月，江苏全省大雨滂沱，江河横溢，淹没 30 多个州县。林则徐时任江苏按察使，提出"禁屯积、广劝募、招商贾、赈饥者"等救灾措施，稳定了灾民情绪，缓和了官民矛盾。第二年，他经过仔细考察研究，认为导致水灾的主要原因是作为太湖洪水出水道的吴淞江、黄浦江、娄江 (又名浏河) 及白茆河久淤不畅，要解决此问题就必须赶在冬春季节修浚三江一河。于是，林则徐马上动员当地百姓修浚河道，数百里河段人流如潮，万众争先，工程如期完成。林则徐即使在因父病逝回家守孝期间，仍心系水利，将家乡濒于湮塞的福州西湖水利工程进行整治，恢复灌溉面积 3 000 多顷，当地百姓无不称赞。

林则徐不仅在治水方面兢兢业业，在为官从政上更是刚正不阿、治下严谨。他面对水利工程中各种营私舞弊现象深恶痛绝，严惩不贷，大小官员对此无不称颂。林则徐督查认真、政纪严明，就连皇帝也赞扬："向来河工查勘，从未有如此认真者。"

道光二十一年 (1841 年)，林则徐因虎门销烟而被充军新疆伊犁。林则徐在新疆，总共不过三年，却对新疆水利建设作出了巨大贡献。他兴修水利，开发屯田，从修渠引水入手，开凿了长达 240 里的伊犁河渠。他吃苦耐劳，先忧后乐，永远走在为民服务的最前沿。在道光二十四年 (1844 年) 十一月，冰天雪地之时，林则徐带领两个儿子从伊犁上路奔赴南疆开展屯田工作。他们历时一年，往返三万公里，"周历南八城，浚水源，辟沟渠""凡垦田六十八万九千七百八十亩"，在那荒无人烟之地创造了奇迹。伊拉里克气候干旱，降水稀少，黄沙漫天，断流的河床留下侵蚀的痕迹随处可见。林则徐通过精心勘察，因地制宜地提出了修建水利设施方案，动员当地百姓大修沟渠，使高山雪水穿过沙漠，灌溉农田。在吐鲁番盆地，林则徐发现坎儿井这种引水灌溉的建筑，是解决当地干旱问题的好方法，于是大力推广，使许多久荒的土地变为沃壤，粮食丰收丰产，人们不再食不果腹，为农业生产发展打下了良好基础。为感念林则徐，当地人民把坎儿井改称为"林公井"，赞誉他"吾乡之伟大人物哉"，并树立碑刻，世代传颂。如今坎儿井没有退出历史舞台，依旧发挥着防涝灌溉的重要作用。

道光三十年 (1850 年) 十月十九日，林则徐因积劳成疾，病情加重，辞世于潮州，终年 66 岁。咸丰帝派官员专往致祭，并"优诏赐恤，赠太子太傅，谥'文忠'"，故世人尊称林文忠公。林则徐一生治水时间之长、投入精力之多、为民谋利之大，都足以让后人为之感、为之颂。看过他所建的水利设施，无不惊叹其构思精妙、巧夺天工，亦深深感受到他的拳拳爱民之心。

———————

参考文献

[1] 王钟翰，点校 . 清史列传 [M]. 北京：中华书局，1987.

[2] 中国史学会，福建省政协文史和学习委，福建省社会科学界联合会 . 林则徐与民族复兴：纪念林则徐诞辰二百三十周年学术研讨会论文选编 [M]. 福州：海峡文艺出版社，2015.

[3] 章中林 . 林则徐治水 [N]. 光明日报，2017-08-04.

[4] 杜中法 . 试论林则徐为官清廉的作风 [J]. 华中师范大学学报 (哲社版)，1988(03).

治水足迹横跨南北　为官从政刚正不阿——林则徐

投身水利赤胆忠心
公而忘私为国为民
——徐赤文

徐赤文（1887—1963年），名宗溥，以字行，浙江温州永嘉（今鹿城区）人。早岁勤学，清宣统二年（1910年）离家外出读书，1912年以官费考入北洋大学，1916年毕业于北洋大学土木工程系，任天津顺直水利委员会见习技师，历任华北水利委员会技正、正工程师兼水文课长。1934年，任山西滹沱河工程处主任工程师、技正兼测量组主任。其后历任桑干河灌溉工程处主任、山西工程总处主任、广东珠江水利局技术主任，贵州都江工程处处长、华北水利委员会专门委员兼驻桂办事处主任等职。

中华人民共和国成立后，徐赤文任浙江省农业厅水利局总工程师。1953年5月被任命为浙江省温州市人民政府副市长。1954年4月，任浙江省农业厅副厅长。1956年2月，任浙江省水利厅厅长。后又任中国科学院浙江省分院副院长及浙江省钱塘江工程治理委员会副主任委员。与此同时，先后当选为第二届全国人民代表大会代表、浙江省第二届政协副主席、农工民主党中央委员及农工民主党浙江省委员会主任委员。

徐赤文毕生从事水利工程建设，足迹遍及黄河、淮河、滹沱河、桑干河、珠江、都江等流域，对祖国的水利工程建设做出了重大的贡献，尤其是对温州水利事业，

水利千秋 廉润初心
——浙江治水历史人物廉洁故事

瓯江

功不可没。

　　清末民初，水利失修，城内河道积污积臭，秋水干旱，疫症流行。1916 年，浙江省水处委员会派第一测量队来温州测量瓯江地形，城内绅商徐宗达、徐赤文、吕维周等人与该队商谋疏河之策。次年先拆修海坛陡门，再疏大街河、永宁巷河、大同巷河、信河街河、仓河、百里坊河、木杓巷河、蝉街河、万岁里河等。完工之日，放水冲污，河水之流势滚滚泻入瓯江，大街河之污臭一洗而清。

　　由于历史的局限，许多工程屡建屡毁，屡毁屡修。在风调雨顺之年，温瑞塘河虽有八十里荷香、锦绣江南、鱼米之乡的美称，但隐藏着的灾害问题，始终未能彻底解决。

　　徐赤文对温州水利事业非常热心支持，为温州的水利事业奔波操劳一生。

投身水利赤胆忠心　公而忘私为国为民——徐赤文

早在他大学毕业留温州之际，就开始筹划温州城河疏浚事宜。他奔走联系各界人士，争取温处道尹重视，疏浚河道，增建陡门，提高排污排水能力。

1933年，徐赤文筹划扩建温州城河工程，新建三角城头、象门河两座水闸。

1942年，徐赤文又在温州主持了施测农田水利工程有关事宜，于3月至7月写成《浙江省瓯江飞云江间滨海区域陡门改善计划书》，这是一份颇有见地的计划书，介绍了民国时期永瑞两县境内各陡门现状，提出了改善陡门建筑和设施条件的设计方案等。其中瓯江、飞云江间滨海区域就是以永强地区为主，有相当的篇幅谈到永强抗旱给水的设想，引客水以解决永强新水源、利用江水以充盈永强塘河容水量、筑水库集雨蓄水、辟沟渠以扩大塘河容量。

1950年，他参与编制了《温州专区第一个五年水利计划草案》，同时在他的指导下，温州建成了解放后的第一座中型水闸工程——灰桥水闸，市区杨府山筲箕涂瓯江潮水的侵蚀治理等水利工程，都是他治理瓯江的见证。徐赤文解决了温州水利工程存在的问题，卓越的治水功绩，使得他于1953年5月被周恩来总理签字任命为温州市人民政府副市长。

徐赤文作为水利专家，解放后担任了浙江省水利厅厅长。徐赤文在党的建设过程中也发挥了至关重要的作用。读温州党史二卷，可以清晰地了解到党在解放初期对温州精英阶层团结所产生的力量以及徐赤文在其中所作的贡献。

解放初期的温州，百废待兴，而徐赤文在党领导的统一战线和精英治理城市政策的实施中起到了关键作用，使得城市很快得以恢复和发展。徐赤文为党的建设事业贡献出了自己的一生，忠于党忠于人民，先人后己，死而后已，以人民利益为自己的最高利益，以全心全意为人民服务为根本宗旨。

徐赤文一生为事业奔波，在家乡时间不长，毕生从事水利工程建设，足迹遍及黄河、淮河、滹沱河、桑干河、珠江、都江等流域，风餐露宿，历尽艰辛，做出重大贡献。徐赤文律己极严，公而忘私，甚至有几分似大禹三过家门而不入，儿子幼时不识父面，供职本省，仍然罕与家人团聚。

徐赤文，人如其名，对水利事业和党的建设事业一片赤诚，一辈子爱瓯江，治理瓯江有成就。他的品行就如他所治理的瓯江，清澈无污，润物无声。

参考文献

[1] 单国方，朱翔鹏 . 温州古代水利工程"下陡门"堰闸先进技术考察与研究 [J]. 水利建设与管理，2010(10).

[2] 陈晨 . 前三季度重大水利工程开工数量创新高 [N]. 光明日报 .2022-10-13(10).

[3] 夏灿 . 水利工程泵站机电设备故障诊断方法分析 [J]. 大众标准化，2022(21).

[4] 储建军，杨廷伟 . 在水利工程单元验收标准中引入计数抽样的探讨 [J]. 水利发展研究，2022(10).

[5] 文敏 . 水利工程特殊地层灌浆预加固施工技术 [J]. 珠江水运，2022(21).

[6] 张铁辉 . 系统功能语言学视角下水利工程英语研究——评《水利英语》[J]. 灌溉排水学报，2021(12).

[7] 彭翠红 . 基于物理模型的水利工程平台中的应用研究——评《水利工程》[J]. 灌溉排水学报，2021(12).

[8] 李超 . 水利工程建筑物结构设计研究 [J]. 工程技术研究，2021(20).

[9] 燕斌 . 水利工程闸门安全运行管理 [J]. 工程技术研究，2021(22).

[10] 李超 . 水利工程渠道防渗施工中存在的问题及对策 [J]. 现代农村科技，2022(02).

科学治水　博惠民生

——章育

章育（1891—1953年），原名宪杰，字俊才，号伯英。1891年出生于黄岩院桥镇后宅村，自幼父母早丧，勤学不辍，自学成才。章育是近代著名的水利专家，他兴修水利，博惠民生，厥功至伟，为黄岩水利事业作出了巨大贡献，备受后人称颂。

开凿新河　任劳任怨

章育重视教育事业，于清光绪三十四年（1908年）慷慨输资三千元在家乡创办启明小学，以开化民众、开启民智为己任。教育之余，章育热衷研究农田水利工程，致力于家乡水利事业的发展。黄岩负山濒海，江河交汇，受地形地势影响，常受台风侵袭和海潮冲击，水旱灾害频繁。1920年，黄岩遭遇特大水灾："五月三十日，洪潮暴涨，漂没无算，七月廿四日大雨如注，西乡一带平地水深六七尺。宁溪以下，土面荡然无存。"1921年，黄岩又遭台风暴雨袭击，灾情比前一年更为严重。"满地疮痍才却病，连番风雨复添愁。"这是新任黄岩县知事宾凤阳于1921年9月25日有感灾情所作之诗，接连而至的灾情所造成的损害由此可见一斑。

由于骤雨、山洪、海潮一时并起，黄岩成为一片水乡泽国，淹没田舍无数，沿海死难者蔽川，灾情惨不忍睹。情系民生的章育见之心痛，一边四处奔走筹款，一

章育

边筹划水利建设。通过章育的不懈努力，赢得知事宾凤阳的重视。1921年春，宾凤阳呈准省府批准，拨款万元，以工代赈，招集二千余民工疏浚西江河，并成立西江水利工程局，由章育出任工程干事，开始动工疏浚河道、救济灾情。

西江河为黄岩第二大川，原西江上游支流永丰河水道弯曲迂回，不利泄洪排水，必须裁弯取直，加宽加深，因此大部分河段要新征土地，涉及沿线许多村民的利益，争论非常激烈，开凿阻力很大。章育行事果断，毫不畏缩，任劳任怨，很快凿成一条长一千二百余丈的永丰河。永丰河发挥蓄排水功能，减轻了1921年9月15日强台风暴雨造成的灾情。永丰河竣工次日，章育马上着手开凿永济河，疏浚外东浦，继而开凿永利河、永顺河，至当年年底，四条新河一举凿成，极大提高了西江流域的防洪抗旱能力。1922年，章育还主持疏浚南官河南浮桥至十里铺河段，使年久失修、河道淤塞的南官河恢复灌溉和航行功能。这些水利工程的完工，带来了旱涝无虞、航行畅达之利，黄岩乡贤张寅作诗《里人开凿永丰河》，纪其事云："伯英去浚河，功多怨亦多。厥工完竣后，功著怨消磨。"

建西江闸　科学治水

1927年，章育任黄岩县建设科科长，极力兴办水利事业。黄岩为赤卤之地，水利兴修的重点在于蓄淡御咸。西江河是永宁江最大支流，流域面积近二百平方公里，自古是黄岩稻谷、柑橘的重要产区。但长期以来，永宁江常遭海水涨潮倒灌，淡水无法储蓄，而且河床淤塞，汛期泻不能畅，泛滥横流。有鉴于此，章育认为"西江闸为黄邑近郊最切要之水利工程"，提议在西江与永宁江交汇口建西江闸，御潮蓄淡，以利灌溉。虽然工程艰巨，疑虑庞杂，章育依旧扛起重任。1930年5月，章育组织成立西江水利委员会，出任工程干事。经呈请省财政、建设两厅批准，自1930年起，西江和南官河两岸以及金清港20里以内田亩，每年每亩带征水利经费贰角，用于西江闸等水利工程的建设基金，至竣工为止。此筹措经费之举遭到豪绅极力反对，但是章育依旧坚持不懈，有力保障了西江闸的修建。

经费问题解决后，工程正式开始，省水利局委派胡步川为主任工程师。1931年11月12日，西江闸于夏家洋破土动工，同时成立西江闸工程处。西江闸工程建造过程颇为艰辛曲折，因地质土层原因，闸基土坡受渗水影响相继崩陷，致使工程频遭质疑，流言不断。加之因带征水利经费而心生不满的豪绅极力反对，一时责难纷起，闹得满城风雨，甚至向政府联名上书，要求立即停工，并追究工程师及主办人员赔偿损失。在群情激愤、舆论哗然之际，章育与总工程师胡步川顶住压力、默契配合，力排种种非议，克服重重困难，最终在省建设厅及水利局的支持下，至1933年6月，西江闸工程全部告竣，并隆重举行了落成典礼，省建设厅也给予记大功以示奖励。章育《西江闸工程纪略》记载，西江闸建成之后，西江流域"碧水潆回，交通称便，水旱无虞，浮言乃涣然冰释"。

西江闸开创了黄岩科学治水的先河，是黄岩县第一座现代化的新型涵闸。闸体为钢筋混凝土结构，分7墩8孔，每孔宽2.5米，总净宽20米，墩长10米，宽 1 米，高 7 米。安装新式人力启闭机 8 台，最大过闸流量 141 立方米每秒，排水量是根据最近数十年每日最大雨量，以及西江流域最大流量精密测算而定。闸机、闸墩、闸座、闸门、闸桥各工程材料合理、结构科学，朱文劭《修理西江闸记》评价曰："利用科学之水利工程则自此闸始。"西江闸的建成，极大改善了西江流域的水利条件，灌溉面积 8 万亩，排涝面积 12 万亩，稻谷、柑橘连年丰收，后人称这一带为"浙南米仓"。黄岩区历史学会原会长张永生曾写过一篇《章育与西江闸》的纪念文章，其中提到修建西江闸时"有人劝章育，'你修西江闸，大众获益，工作上有一点点不足都往你头上扣黑锅，你何苦呢？'章育说：'我凭良心做事，对得起天地，对得起父母子女，民众信任我，选我当领头在这位置，就要为民众做好本职的事。'"章育任劳任怨，恪尽职守，为西江闸的建成以及黄岩的水利事业作出了巨大贡献。

章育还辑修《黄岩县兴修水利报告书》二册，于 1944 年付印，被省内诸多图书馆及南京图书馆作为善本珍藏，水利部也珍藏其资料。1946 年，黄岩县成立修志馆，朱文劭为馆长兼总编，章育任副馆长，其间章育不遗余力地协助朱文劭修撰民国《黄岩县新志》。由于馆长朱文劭年老事繁，不能躬亲执笔，因此这部二百余万字的《黄岩县新志》实际编写工作均由章育负责，志稿大多出自他之手，而且在经费支绌的情况下全尽义务，耕耘数年分文未取。另外章育还主持植树造林、修筑公路、重修宗谱等义举，终其一生都在为地方事业尽心竭力、无私奉献。

从 1920 年到 1945 年，26 年当中章育的治水足迹遍及黄岩大地，主持修建的一系列水利工程博惠民生、泽被后世。1945 年，为表彰章育对黄岩水利的突出贡献，国民政府行政院水利委员会授予其一等银色水利奖章。章育一生竭力为民，造福大众，实绩犹存，口碑犹在。黄岩人民也没有忘记章育，今日在后宅村东的章氏祠堂辟有名人馆，进馆首先映入眼帘的便是章育先生的生平介绍。2008 年 11 月 23 日，黄岩名人馆在永宁江畔建成开馆，章育入选首批 66 名黄岩名人之列。2014 年，黄岩区文化研究工程办公室又冠予"水利专家章育"之称，编入《黄岩历代名人》，留名史册。

参考文献

[1] 章育 . 黄岩县兴修水利报告书 [R]. 民国三十五年 (1946 年) 铅印本 .

[2] 黄岩县政协文史资料征集委员会 . 黄岩文史资料通讯，1984(3).

[3] 《黄岩水利志》编纂委员会 . 黄岩水利志 [M]. 上海：上海三联书店，1991.

[4] 池太宁 . 黄岩历代名人 [M]. 北京：中国文史出版社，2017.

[5] 黄芳芳 . 民国时期黄岩县的水利建设与地方社会 [D]. 金华：浙江师范大学，
    2017.

心怀水利保无虞
情系家国解民忧
——胡步川

胡步川 (1893—1981 年），名正国，字竹铭，号步川，浙江台州临海市永丰镇石鼓村人，中国著名水利学家，一生相搏于江河之间，毕生致力于水利事业，主持修建了一系列博惠民生的水利工程，著有《水工略述》等经典水利学著作。胡步川始终尊奉心怀国家、情系百姓的恩师李仪祉为楷模，一生孜孜投身于水利事业，奉献三秦大地、造福浙东桑梓，组织兴建的部分水利工程一直沿用至今，为中国水利事业作出了重大贡献。

终其一生 水利为伴

因幼时家乡常遭水患水灾，胡步川便萌发了学习水利的想法。1917 年，品学兼优的胡步川考入南京河海工程专门学校（今河海大学前身），是中国现代水利建设的先驱、水利部第一批历史治水名人李仪祉先生的得意门生。五四运动时被推举为南京学生会文书科长，从事反对帝国主义、封建主义的爱国活动。1921 年毕业后留校任助教。1922 年，随老师李仪祉去陕西省兴办水利，任渭北水利工程局测量队队长，带领测量队员跋山涉水，勘测泾河水文及地理形势，筹建泾惠渠工程。1925 年，任

胡步川

陕西汉中水利工程处主任工程师，并受李仪祉之邀任西北大学工科教授。1928年任华北水利委员会工程师，参与筹划白河、黄河水利事宜。1929年，浙江招标兴建金清及西江两闸，胡步川回乡效力。管理灌溉面积六十万亩的渭惠渠管理局成立后，胡步川于1938年至1947年担任局长，解决了一系列水利技术难题，后兼任陕西省水利局代局长。1950年任灞河、浐河堵口复堤工程处主任，调任西北军政委员会水利部主任工程师、水政处处长，1953年西北水利部改组，调任西北水利工程试验所所长。1957年调中央水电部水利科学研究院，任水利史研究所首任所长、主任。1973年退休还乡定居，在临海的最后岁月，依旧关心家乡的水利建设，上下奔走协助石鼓附近各村在始丰溪、永安溪上建筑堤坝11座，还视察狮子山水库及车口溪水电站，体现了他心怀水利、造福百姓的无私奉献精神。

造福桑梓　兴建两闸

胡步川始终心系家乡，1929年，听闻浙江省水利局招标兴建黄岩西江闸、温岭新金清闸，他毅然放弃华北水利委员会工程师的高薪工作，回到台州担任两闸建设工程处的主任工程师。历时四年，他先后主持建成西江闸和新金清闸两大水利工程，保温岭、黄岩两县旱涝无虞，130 万亩良田因此受益，可谓厥功至伟。

西江闸位于黄岩的母亲河永宁江与其最大支流西江河交汇处，新金清闸扼守温岭金清港垃圾汇（今金闸村）出海水道，攸关温、黄两地的民生福祉。20 世纪 30 年代前中国在建的所有水利工程，从设计到施工都是由外国工程师负责。1933 年和1934 年西江闸、新金清闸相继建成，成为现代中国水利发展的里程碑，由此开始了中国水利工程师亲自勘测、设计、建设大型水闸的历史。

西江闸于 1931 年 11 月先期开工，省水利局委派温岭工程处主任工程师胡步川负责兼办。该工程在建造过程中遭遇了一番波折，因地质土层原因，工程尚未及半，闸基土坡受沙土层渗水流沙影响而相继坍塌，致使工程遭受巨大质疑，一时草率动工、劳民伤财、擅改古制等流言一唱百和，责难之声不绝于耳。乡绅甚至向政府联名上书，要求立即停工，并责成主任工程师胡步川赔偿损失。在群情激愤、舆论哗然之际，胡步川顶住种种非议，发布《胡工程师为西江闸基土坡崩坍事敬告黄岩县政府水利委员诸先生暨全县民众书》，坦陈岸土崩塌的原因以及处置方式。县水利委员会经过临时会议讨论后，县政府将会议内容呈报浙江省建设厅及水利局，并附上胡步川分析的崩坍原因及善后措施。经省建设厅派员进行实地调查后得到"应准照办"的批复，最终在省建设厅、水利局、县政府等共同努力下平息了事端，工程得以继续进行。1933 年 6 月，西江闸工程全部告竣，并隆重举行了落成典礼，省建设厅也给予记大功以示奖励。在西江闸建设过程中，胡步川不辞辛劳事必躬亲，奋战在工地第一线，以致积劳成疾。其带病工作时赋诗自励："岁月如流电，生涯如破船。急须修理好，鼓棹过深渊。"

西江闸建成之后，规模更大的新金清闸开工建设。在修建新金清闸时，胡步川经过深入调研和科学测量，撰写了 5 000 余字的《论金清港建闸》，提出了省地势、测量全流域面积及雨量、节经费等建闸要义。经过严密测量规划后，胡步川选定了闸址，设计了 22 孔、每孔净宽 2.5 米、每秒流量 707 立方米的新金清闸建设方案，该方案获得了时任省水利局外籍总工程师白郎都、省建设厅顾问李仪祉的认可，比早年荷兰公司提出的方案节省了一半的投资而中标。工程于 1933 年 10 月 1 日动工，至 1934 年 8 月 8 日竣工，俗称廿二洞闸，为温黄平原金清水系主要的蓄淡排涝水闸，不仅是当时浙东最大的出海水闸，还是国内最早建成的中国自行设计与施工、采用钢筋混凝土结构建设的大中型出海水闸之一。该闸建成之后，黄岩、温岭两县均大受其益。如今，这座守护温黄平原的新金清闸已默默运行了近 90 年，依旧发挥着蓄淡御咸、防洪排涝等水利功能。

1981 年 7 月，胡步川以 89 岁高龄谢世，葬于石鼓村后永安溪畔的西焦山麓。遵照生前遗愿，将其 83 岁时所题自挽小诗刻于墓碑："生小居东海，天仙二水环。立身期禹稷，励志克艰辛。放浪形骸处，追藏台荡间。著书留爪印，埋骨傍焦山。"其中"立身期禹稷，励志克艰辛"一句，正是其毕生坚守水利的初心和使命。胡步川一生投身于挚爱的水利事业，为之栉风沐雨、呕心沥血，堪称中国现代水利建设的先驱。中国水利学会 2020 年学术年会，在分会场专辟"致敬胡步川——水利史研究所第一任所长 (1956—1960 年)"专题，与会专家对胡步川在水利方面作出的贡献给予了高度评价。

如今，临海石鼓村已经重修了胡步川故居，在故居内部，规划设计了求学河海、师徒情深、造福秦川、恩泽桑梓、余韵书香、诗画步川等 6 个展厅，用于展陈胡步川的生平事迹，以此激励后人见贤思齐，为社会发展创造价值、贡献力量。

———————

参考文献

[1] 章育 . 黄岩县兴修水利报告书 [M]. 民国三十五年 (1946 年) 铅印本 .

[2] 《黄岩水利志》编纂委员会 . 黄岩水利志 [M]. 上海：上海三联书店，1991.

[3] 临海市水利电力局 . 临海水利志 [M]. 北京：团结出版社，1993.

[4] 《温岭市水利志》编纂委员会 . 温岭市水利志 [M]. 北京：方志出版社，2002.

[5] 张根福，黄芳芳 . 合作与冲突：民国时期地方水利建设中的国家与社会——以浙江省黄岩县为例 [J]. 浙江师范大学学报，2018(3).

[6] 彭连生 . 胡步川与两江闸及其人生价值 [A]. 中国水利学会 .2020 学术年会论文集 (第五分册)[C].2020.

[7] 谭徐明，王晓璐 .《李仪祉先生年谱》及其作者胡步川研究 [J]. 中国水利水电科学研究院学报，2021(3).

连拱坝之父
廉润「义」之心
——汪胡桢

　　汪胡桢(1897—1989年)，字幹夫，号容盦，浙江嘉兴人，著名水利专家，中国现代水利工程技术开拓者，中国科学院院士，原水利部顾问，被水利界誉为"中国连拱坝之父"。

　　在战火纷飞、硝烟弥漫的年代，时局不稳是常态。父亲去世后，汪胡桢的生活越发困难，温饱成了问题。在姑姑的支持下，他得以重返学堂。1915年，他以第一名的成绩考上了河海工程专门学校(今河海大学前身)，之后进入美国康奈尔大学研习水力发电工程。毕业后，他进入了美国佐治亚州亚特兰大市铁路电力公司实习，不仅参加了很多水电站的设计施工，还参观了英国、法国、瑞士、比利时等多个国家的水电站，积累了丰富的专业知识。之后，他放弃国外良好的求学就业环境，毅然回国，义不容辞地投入到了中国水利事业中，为中国的水利、教育、文学等事业作出了巨大贡献。抗日战争期间，汪胡桢寓居上海，他不愿为日寇工作，受中国科学社之聘，组织翻译出版了奥地利工程师旭克列许的《水利工程学》。

　　回国后，汪胡桢历任河海工程专门学校、中央大学、浙江大学教授。1929年，任国民政府导淮委员会设计主任工程师，主持制定了《导淮工程计划》，之后他用退赔的庚子赔款，设计建造了邵伯、淮阴、宿迁三个船闸。1931年，他发起创办了

中国水利学会。1948 年，汪胡桢任浙江省钱塘江海塘工程局副局长、总工程师，领导修复了因抗日战争破坏的钱塘江海塘缺口。汪胡桢在主持治淮工作期间，负责设计、施工，修建了中国第一座大型连拱坝——佛子岭水库。该水库位于淮河上游淠河上，规模宏大，技术复杂，加之新中国成立不久，抗美援朝正在进行，建材不足，技术人员缺乏，施工机械更缺，连振捣器都没有，且大别山区交通不便，运输困难，工程建设时，遇到了地理环境、技术、人才等各个方面的困难和压力。但汪胡桢坚信"乘风破浪会有时，直挂云帆济沧海"，他翻阅了大量国内外资料，派人外出到科研单位学习。通过研究，他们发现在混凝土中掺加添加剂会提高混凝土的可塑性、密实性和耐久性。在结构方面汪胡桢选择了抗震性能更好的连拱坝，解决了多个技术难题。佛子岭水库运用的多项关键技术处于当时世界领先水平。经过 3 年奋战，1954 年冬，第一座由中国工程师自行设计、自行施工的钢筋混凝土连拱坝诞生，这在当时被视为奇迹。如今，连拱坝已平安度过近 70 个春秋，历经多次洪水考验，坝面碳化度不超过 0.5 厘米。佛子岭水库的建成，开拓了连拱坝在中国的新纪元，提高了中国水利工程技术在国际上的威望和影响。

继佛子岭工程之后，汪胡桢又投入三门峡水库的修建。三门峡水库是黄河治理计划的第一项工程。1956 年初，黄河三门峡工程局成立，汪胡桢和李鹗鼎被任命为总工程师。汪胡桢以花甲之年，付出全部心血，晨夕都在施工前线指挥。他怀抱着对深受黄河水患之苦百姓们的深深关切，不负祖国和人民的殷切期望，夜以继日地奔波在黄河中下游河畔。在修建过程中，汪胡桢认为中国工程师完全有能力自己设计水库，尽管这个建议没有被采纳，但他一贯主张自力更生的精神令人敬佩。1957 年，三门峡水库建成并投入使用，被誉为"万里黄河第一坝"。

修建长江三峡水库是世界瞩目的巨大工程。1984 年，汪胡桢参加了三峡工程的可行性论证。他激动不已，发出"只要国家一声令下，我还想背上行李去三峡工地大干一场"的坚定心声。他把所有的时间都花在为三峡工程出谋划策上，先后发表了 20 多篇有关大坝选型、船闸设计与移民工作等的重大课题论文，提出了不少大胆独创的设计构思。汪胡桢在九旬高龄时还十分关心黄河的治理和长江三峡的开发，不顾年老体迈，在一耳失聪、左眼失明、右目在高倍放大镜下视力只有 0.1 的情况下，

汪胡桢故居（位于浙江嘉兴南湖区建设街道梅湾街东区帆落浜 39 号）

仍坚持开展学术研究，可见他对水利学术研究的痴心与忘我。

如今，位于浙江嘉兴的汪胡桢故居依水而建，以传统青砖砌墙建造，质朴典雅，院内树木郁郁葱葱，景色优美，鸳水静静流淌、环绕一侧。幽静中，汪胡桢故居仿若汪胡桢先生一生的写照——宁静致远、简约朴素，但岁月抹不去属于汪胡桢先生的光辉，湮灭不住他那敢于奉献、心系民生、求真务实、清廉忠诚、探索进取、尊重科学的耀眼光芒。

参考文献

[1] 张玉台 . 中国科学院院士自述 [M]. 上海：上海教育出版社，1996.

[2] 《浙江通志》编纂委员会 . 浙江通志·水利志 [M]. 杭州：浙江人民出版社，2021.

[3] 郭志芬，李明霞 . 中国现代水利事业开拓者——汪胡桢先生的水利人生 [J]. 华北水利水电大学学报（社会科学版），2003(02).

草鞋县长 治水龙王

——何文隆

何文隆(1899—1978年),字明进,化名仲景,诸暨阮市何家山头人。民国18年(1929年)加入中国共产党后,长期在国民党统治区、解放区从事党的工作,为创建和壮大诸暨人民抗日武装,开辟金萧地区抗日根据地作出了卓越贡献。抗战胜利后,历经豫东、淮海、渡江等战役,为解放战争的胜利作出了很大贡献。1949年后,何文隆返回诸暨,历任诸暨县人民政府水利办事处主任、副县长、县长等职,并先后兼任县水利指挥部、水利工程指挥部指挥,为第一、二、三届浙江省人代会代表,第三、四届省党代会代表。

何文隆从政唯廉,清贫一生。在诸暨,他上山下湖,头戴笠帽,脚穿草鞋,腰缠脚布,一步一个脚印,踏遍了全县的山山水水,被誉为"草鞋县长"。在长期艰苦工作中,何文隆从不搞特殊,每到一个区社,就在集体食堂吃饭;有时开会夜深了,就在会议桌上打开铺盖睡上一觉。他告诫身边的同志:"国民党就是倒在腐败、脱离人民群众上的。工作中稍有'搞特殊',群众就会避而远之。"他教导县政府工作人员,"不要走过长弄堂,甩掉讨饭棒,忘记过去革命战争时的艰苦岁月""要勤俭办一切事业"。关于何文隆的清廉小故事有很多,其中"不给亲人做靠山"的故事,讲述的是他修身律己正家风的事迹。1954年,何文隆担任诸暨县副县长,

何文隆有关老照片

他的侄儿何乃康从部队复员回来，想通过何文隆安排工作。何文隆婉言拒绝，劝说道："务农也是革命，安心为革命种好田，同样有前途。"何文隆没有利用职权给亲属安排工作，即使是自己的女儿，也从未向组织提出要求特殊照顾。他总是教育亲属家人"公是公，私是私，公私要分清"，要"清清白白做人，要从小做起"。

何文隆在诸暨任职期间，一贯关心人民疾苦，同时也注重致力于经济建设，特别是水利事业的发展。在他的大力治理下，诸暨变水害为水利，造福人民，他的治水业绩为诸暨广大群众所传颂。为解决浦阳江水患，何文隆多次会同水利专家、技术人员勘察浦阳江两岸地形和江流水势，倾听群众意见，制定《关于整治浦阳江流域水患计划纲要》，确定了"上蓄、中分、下泄"的治理方针。在他的带领下，诸暨先后裁直江西湖、甲塘、钱池等河段，实施了三江并道、枫江改道等工程，兴建了多座大中型水库，建设了8条排涝渠道和50多座排涝站，改变了诸暨"十年九灾"的状况，全县旱涝保收面积由14万亩增至44.4万亩。1950年起，在抢堵北庄坂堤埂决口，裁直江西湖河弯，拓宽湄池湾江道，兴建高湖、安华、石壁水库、东白排涝渠等关键性工程时，何文隆都深入现场，躬亲部署，指挥施工，使工程及时发挥作用。他提出沿山开渠、截排山水的方案，在电力排水工程的配合下，湖畈的内涝灾害得以有效减轻。他采用搞试点、树典型、总结推广的工作方法，在全县先后开展兴建塘库、培修堤埂、开挖渠道等群众性水利工程。1952年，他组织与领导江西湖湾和澜池湾拓宽工程，发动万余民工，新开河道2 800米，缩短原河道二分之一；1953年，他组织领导兴建高湖分洪水库工程；1954年，他深入山丘地区，总结同山乡"依靠群众，自力更生，修建山塘水库"的经验，积极组织推广；1956年，他组织领导兴建安华水库，1958年建成；1960年，他亲住工地领导石壁水库大坝合龙堵口工程；1962—1964年，他组织兴建白塔湖、东西招湖、朱公湖、横山湖等20多座潮畈电排站，减轻潮区内费，双季稻面积由30%扩大至80%。他对全县的江流形势和水利工程情况了如指掌，每有汛情，都殚思竭虑，废寝忘食，亲自调度指挥。他的治水功绩受到了诸暨人民的高度赞扬，被群众誉为"人民的好县长""治水龙王"。他的治水业绩，曾刊载在《人民日报》、苏联《屋火》杂志等国内外报刊上。

何文隆治水成果丰硕，但他从不以功臣自居，也不收取百姓的任何谢礼。1958年，应店街幸福水库动工。由于库区社队经济状况差，建库工作存在困难重重，故从勘察设计到资金筹措，一系列的纠纷与矛盾何文隆都坚持亲自参与协调解决。两年后水库建成开始蓄水养鱼后，当地的经济状况有了很大的改善，百姓一直深刻感怀何文隆的艰辛付出。因此在年关时，公社派出代表挑了水库产出的四条白鲢送给何文隆表示感谢，但被其一再拒绝。直到代表着急，何文隆最终也没有收下，而是建议将鱼全部送给正在康复医院休养的伤病员们。公社百姓知晓后，更加称赞何文隆无私奉献的高贵精神品质。

从各类报道中，何文隆坚持"从群众中来，到群众中去，相信和依靠群众"的理念清晰可见。在下乡时，只要听说群众有意见，他就邀请这些老农民开座谈会，了解批评意见具体有哪些，再逐条当面进行分析，做到有则改之无则加勉，也让百姓能够理解与信服。有时候群众对水库建设可能存在顾虑，当他得知后，就主动和基层干部一起前去拉家常，做好分析与解释工作，让老百姓卸下心理包袱。何文隆

草鞋县长浮雕壁画

曾经说过，"当干部的能深入群众、密切联系群众、依靠群众，群众就会紧紧地团结在你的周围，你就有力量了。"作为一名群众路线的忠实践行者，何文隆被冯文彬同志（新中国第一任团中央书记）赞誉为"一生甘为孺子牛"。

参考文献

[1] 孔孙超. 人民公仆何文隆 [M]. 杭州：浙江文艺出版社，2001.

[2] 郑景元. 人民的好县长——何文隆同志百年祭 [J]. 古今谈，2001(03).

草鞋县长 治水龙王——何文隆

农水学科奠基者
治水兴学教育家
——许志方

许志方(1925—2020年），出生于浙江诸暨，1946年至1950年在北洋大学水利系完成本科学业，毕业后分配到水利部工作，1949年3月加入中国共产党。1951年8月至1955年12月，到苏联莫斯科水利工程学院跟随考斯加可夫院士学习土壤改良理论和技术，获苏联技术科学副博士学位。1956年1月分配到原武汉水利学院工作，历任农田水利工程系党总支副书记、书记、主任，副教授、教授。1983年至1987年，任原武汉水利电力学院院长。1991年获国务院政府特殊津贴。1996年4月光荣离休。2020年11月12日，许志方因病医治无效，在武汉逝世，享年96岁。

许志方长期从事水利灌溉领域的科学研究工作，治学严谨，学术成就斐然，为中国水利学科的发展做出了大量开创性的工作和突出贡献。他运用在苏联学习的土壤改良专业知识，参与创建了我国的"农田水利工程"专业，主编完成了新中国成立以来第一部具有中国特色的《农田水利学》教材，系统地阐述了灌溉、排水、防洪、水土保持以及山、水、田、林、路、村庄统一规划的设计、施工、管理理论和技术，后又主编完成《灌溉计划用水》《梅川水库管理》《农田基本建设规划》《小型水库管理》等著作。曾获全国新长征优秀科普作品二等奖，为创建符合中国国情的农田水利工程学科体系奠定了基础。改革开放以后，许志方着手研究水利工程经济理

水利千秋 廉润初心——浙江治水历史人物廉洁故事

许志方主编的部分图书

论和分析方法，主编完成的《水利工程经济学》是我国最早出版的水利工程经济学专著之一。他曾兼任中国水利学会第四届常务理事、湖北省水利学会第四届副理事长。

许志方毕生奉献给了高等教育和农田水利事业，教书育人、为人师表、治学严谨、精益求精，为我国和国际农田水利事业的发展作出了突出贡献。许志方长期从事农田水利方面的研究工作，组织同事并亲自翻阅了大量的农田水利建设历史资料，深入基层蹲点调查，先后到湖北、湖南、河南、山东、浙江、海南等地搜集中国不同类型水库、灌区设计、施工、管理和运行资料，同基层干部群众交谈，了解他们的经验和存在的问题。作为农田水利学科的创始人之一，他先后主讲农田水利学、水利工程经济学、灌溉管理等课程。他授课深入浅出，理论结合实际，深受学生欢迎，为国家水利建设事业培养了一大批优秀人才，为我国水利教育事业做出卓越贡献。许志方爱学生如子女，既热情关怀，又严格要求。他常常告诫学生，要养成吃苦耐劳、严谨求实的好习惯、好品格。他说："作为一名当代的硕士生、博士生，外语、数学和计算机要过硬，这是最基本的要求；作为一名从事农田水利科学研究的研究生，还要有深入田间、深入基层进行科学试验和调查研究的本领。因此，没有吃苦耐劳和严谨求实的作风，不是一名合格的研究生。"为了让学生学好外语，许志方拿出自己的收录机给学生，学生的学位论文，他总是仔细推敲，反复修改，而且在学生发表论文时，从不署自己的名字。除此之外，许志方一贯生活俭朴，勤俭节约。在他担任武汉水利电力学院院长期间，一次到某地灌溉试验站调查研究，途经县城时，一位任县长的学生要设酒宴以示欢迎，被他婉言谢绝。他反对任何形式的铺张浪费，总是以勤俭朴素要求子女，3个儿子的婚礼都十分俭朴，不请客送礼，不大摆宴席。

许志方是一位具有前瞻意识和开放理念的教育家，十分重视对外合作与交流。改革开放后，他曾多次应邀率团出国访问、讲学和参加国际学术会议，在十多个国家和地区留下了忙碌的身影。1982年6月，许志方赴英国南安普敦大学讲学，这是我国水利方面的教授首次在英国讲学。听众不仅包括该大学的教师和研究生，还

许志方受聘终身担任国际灌排委员会荣誉副主席

有很多来自英国各地和有关部门的工程师和学者。许志方的讲学受到了英国文化委员会的称赞和英国驻华使馆的肯定。1990 年，许志方任国际灌溉排水委员会 (ICID) 副主席，这是中国学者第一次担任该组织的副主席职务，ICID 新德里总部秘书长专门发来贺信："这对我们国家、你们国家灌排委员会以及您本人是一种很高的荣誉。"1993 年，国际灌排委员会主席汉纳森授予许志方荣誉奖章，表彰他在担任国际灌排委员会副主席期间，为世界灌排科学的发展作出的突出贡献，聘许志方终身担任国际灌排委员会荣誉副主席。1993 年 5 月，许志方应台湾大学、台湾农用水利会等 7 个单位的邀请，赴台湾进行学术交流，并在台湾大学讲学，为发展两岸水利学术交流揭开了新的篇章。许志方曾担任世界粮食计划署 (WFP) 水利顾问、国际灌排研究计划 (IPTRID) 特别工作组副主席，为中国争取灌排科学研究的国际援助奠定了基础。1988 年，许志方被列入英国剑桥国际传记中心出版的《大洋洲和远东名人录》，提名列入美国《国际杰出领导人词典》等。

许志方离休后，一直关注原学校的建设和发展，并继续在水利专业领域默默耕耘。他主编有《节水灌溉技术》《农田水利学》《中国与欧共体合作项目》(英文版) 等著作，发表《论中国灌溉管理改革和灌溉管理体制转换》等论文 30 余篇，主持湖北省平原湖区水灾害综合控制与措施研究等科研项目，曾获武汉大学优秀共产党员、离退休工作先进个人、十佳老人等称号。

参考文献

[1] 梁援迎 . 当代治水名人——许志方 [J]. 水利天地，1994(06).

[2] 《中国农村水利水电》编辑部 . 专家介绍：许志方 [J]. 中国农村水利水电，1996(01).

开创薄拱坝建设
坚守水利人初心
——潘家铮

潘家铮（1927—2012年），浙江绍兴人，水工结构和水电建设专家，科幻小说作家，中国科学院院士、中国工程院院士，清华大学双聘教授、博士生导师，国家电网公司高级顾问。1950年，潘家铮毕业于浙江大学土木系，1987年加入中国共产党。1980年11月，潘家铮被选为中国科学院院士，1994年，被选为中国工程院院士并兼任副院长，同时获得在科学和技术两个领域中的最高学术荣誉称号。2012年，潘家铮于病榻上获中国工程界的最高荣誉——光华工程科技奖成就奖。2012年7月13日，潘家铮在北京逝世，享年85岁。

毕业后，潘家铮在钱令希教授的介绍下进入燃料工业部钱塘江水力发电勘测处工作，从此与水电建设结下了不解之缘。他说，我与水电事业是"先结婚后恋爱"的。在勘测处，潘家铮从设计和施工200千瓦的金华湖海塘水电站做起，一步步学习和掌握水电开发技术；他还夜以继日地进修数学和力学知识，注重将书本和国外资料上的知识应用于实践，又从工作实践中吸取经验、找出问题，逐步形成自己独特的设计思想。

潘家铮长期从事水电站设计、建设和科研工作，历任水利电力部总工程师、能源部水电总工程师等职。他参与的水电工程不计其数。如先后参加和主持黄坛口、

潘家铮的代表著作之一

流溪河、东方、新安江、富春江、乌溪江、镜屏、磨房沟等大中型水电站的设计工作，参与乌江渡、龚嘴、葛洲坝、凤滩、陈村等工程的审查研究工作，指导龙羊峡、东江、岩滩、二滩、龙滩、三峡等大型水电工程的设计工作，被称为"新中国第一代水电人""三峡大坝的总设计师"等。

　　1956 年，潘家铮主持设计了中国第一座坝顶泄洪的流溪河薄拱坝，开创了我国薄拱坝建设的先例。其间，他克服诸专家对此泄洪新技术的质疑，领导设计组同志积极进行复杂的坝体应力分析，并首次提出和解决坝头稳定分析问题以及坝体冷却等一系列课题；提出了拱坝坝顶溢流动静应力分析方法，组织进行了我国第一次拱坝震动试验，使我国第一座高 78m 的双曲拱坝顺利建成。在工程后期，他领导并参与了简化拱坝应力分析法的研究，并在中苏朝蒙四国水利学术会议上就流溪河拱坝设计中的几个主要问题提出了有分量的观点，得到了与会专家的一致好评。1957 年，潘家铮出任新安江水电站设计副总工程师。新安江是我国第一座自行设计施工的大型水电站。潘家铮深入现场，在设计中采用世界上最大的溢流厂房、宽缝重力坝、大底孔导流等新技术并首创抽排理论，大量节约工程量，为提前发电作出贡献。潘家铮创新的宽缝重力坝，为我国后来建设的丹江口、潘家口等十多座大坝树立了样板，成为国内广泛采用的坝型。1959 年，周恩来总理在视察电站工地时，曾亲笔写下"为我国第一座自己设计和自制设备的大型水力发电站的胜利建设而欢呼！"的题词。

潘家铮负责的龙羊峡是我国已建的最高大坝 (178m)，二滩是在建的世界第三高双曲拱坝 (240m)，三峡枢纽更为跨世纪的巨型工程。潘家铮是三峡工程论证和建设的当事人。他擅长结构力学，多年来结合实际对混凝土坝和土石坝的分析、地下结构及滑坡产生的涌浪计算等课题作出了系统研究，提出新的理论和计算方法，在水电设计中得到广泛采用。潘家铮先后著有《水工结构计算》《重力坝的设计和计算》等 20 多种专著和近百篇技术论文，为中国水利事业作出了杰出贡献。

潘家铮时刻做到廉洁自律。1985 年，三峡工程论证领导小组成立，潘家铮担任副组长和技术负责人。1993 年，三峡开发工程总公司成立，工程进入实施阶段，潘家铮又担任技术委员会主任，负责对设计的审查。2003 年，在他担任质量检查专家组组长之后，他认为"运动员与裁判员不能兼于一身"，便主动辞去技术委员会主任一职，专心于工程质量的监督检查工作。

潘家铮始终关心工程科技人才的教育培养和健康成长，在紧跟新中国水电事业蓬勃发展的步伐中，潘家铮主动提出在当时工作的上海水力发电设计院内举办学术讲座，授人以渔，系统讲授结构力学和水工结构分析，培养青年骨干力量。后这些讲稿被整理出版为《水工结构应力分析丛书》，推动了我国水工结构设计水平。以其名字命名的"潘家铮奖"，面向全国的水电水利工程师、科学家，激励水电水利领域的杰出工程科技人才积极投身水电建设事业，这是中国水电行业第一个以院士名字命名的面向水电行业工程实践的最高奖励基金。

考虑到"通过科幻小说，尽量使人了解一些科技发展的前沿和一些具体的科技常识，哪怕只是用一些名词或概念也好……有助于开拓思路外，还能在脑子里留下一些感慨或引发一点思考，通过科学幻想，培养科学思想。"潘家铮还从事文学和科幻创作，是中国唯一一位院士科幻作家。1993 年 8 月，他出版了个人第一部科幻小说集《一千年前的谋杀案》，之后相继出版过《春梦秋云录》《偷脑的贼》和《老生常谈集》等科幻小说。1997 年，他撰写的《偷脑的贼》科幻小说集荣获 2001 年度全国优秀科普作品奖一等奖和国家图书奖提名奖。2006 年，中国少年儿童出版社推出《潘家铮院士科幻作品集》，于 2007 年被授予中国新闻出版领域的最高奖——首届中国出版政府奖。

———————

参考文献

[1] 王如高 .100 位水利名人 [M]. 南京：河海大学出版社，2009.

[2] 张蕾，袁于飞，程洪瑾 . 潘家铮：沧桑世事淘洗愈见真实性情 [EB/OL].(2012-07-05).https://www.cae.cn/cae/html/main/col142/2012-07/05/20120705160129201586393_1.html.

[3] 张蕾 . 追忆潘家铮院士：情注水电的人生 [EB/OL].(2012-07-05).https://wwww.cas.cn/xw/cmsm/201207/t20120716_3615953.shtml.

肝胆映江河
心血凝笔端
——娄溥礼

娄溥礼（1932—1988年），出生于江西省南昌市，祖籍浙江余姚县，近代农田水利学家。毕生从事水利工程技术研究和组织领导工作，在中国黄淮海平原旱、涝、碱治理及防治土壤次生盐碱化方面作出了重要贡献。1980年初他就提出"现代水利科学"的新认识，编写了《2000年中国灌溉发展纲要》《中国水利发展大纲》，筹划建立水利部遥感中心与水利部水质试验研究中心，对中国水利科学发展具有重要意义。

1955—1966年，他主要负责长江下游的灌溉排涝与治理土地次生盐碱化等项目，于1960年被授予全国农业先进生产者的荣誉称号。1972—1978年在水利部水利司工作期间，为国内22个地区（包括陕、甘、宁边区以及新疆、西藏、内蒙古的牧区）进行水利研究提供了大批一手资料，为中国农田水利事业的发展作出了巨大贡献。同期华北旱灾严重，他们还参与过中央关于北方十七省、直辖市抗旱打井规划的编制和技术指导工作，当时安装的近一百万眼机井至今还在发挥一定的作用。

1979—1985年，他一直负责水利部科技司的工作，参与国家重要水利事务的科学决策，并筹划组建了水利部遥感中心和国家水文中心，在较广阔的区域里组织了广大工程技术人员共同开展对黄淮海平原的综合治理，并且参加过对我国水资源初步评估、全国灌溉排水事业发展预测工作和我国水利工程事业发展大纲的编写工作。

1986 年初任水利部总技术工程师，参加并主导制定了大江大河流域规划和重要水利工程的重大决策，以及长江三峡水利枢纽工程的设计论证工作和南水北调工程的审批。

黄河中下游平原区域是我国最大的商品棉和粮食的生产基地之一，不过受到旱涝的影响，该地生产一直处在相当低的水准。1953 年引黄灌水，以保证该区域的粮棉增加产量，但由于对不合理的灌水会造成次生盐碱化没有认识，反而扩大了该区域盐碱化程度，严重影响了作物生产。他基于"毛细管破裂点"概念所提出的地下水位临界深度比过去减少了将近一半，而且对重质土的地下水位临界深度大于轻质土这一观念提出质疑，改变了人们的传统观念。这一理论的发现对减小控制地下水位的排水深度，节省工程量有积极意义，对保证中国 20 世纪 70 年代以后引黄灌溉的蓬勃发展，起到了重要的指导作用。

娄溥礼在认真研究历代水利科学的发展后，认为水利及水利科学的定义是：水利是用人为措施对自然界的水，如河流、湖泊、海洋以及地下水进行控制、调节、开发管理和保护以减轻和免除水旱灾害，并供给各类物质生产和人类生活所必需的水的事业。水利科学是研究水利措施与水及周围自然界的社会经济条件的相互关系、水利工程建设与管理的基本原理及专门技术的科学。他提出中国的水利事业与水利科学发展大体经历了四个阶段。

第一阶段：古代的水利事业和以经验为基础的水利科学。即 5000 年前人们从完全依靠自然的赐予到主动取水，开始了水利科学的记载。公元前 475 年到 221 年，《管子度地》《周礼考工记》就提出了渠道定线和确定纵坡的办法。

第二阶段：近代的水利事业和以古典力学为基础的水利科学。18 世纪的古典力学的确立，出现一大批载入史册的水力学先驱如伯努利 (Bernouui D.)、欧拉 (Euler L.)、谢才 (Chezy A.)、达西 (Darcy H.)、雷诺 (Reynolds O.)、库伦 (Coulomb C.A.) 等，从而出现了 1807 年瑞典的世界上第一个系统流量记录与 1825 年尼罗河上兴建的世界上的第一座水坝。

第三阶段：现代的水利事业和以现代科学试验和新技术为基础的水利科学。1898 年德国恩格斯 (Engels H.) 建立了第一个水工试验室，1917 年德国太沙基

(Terzaghi K.) 建立土工试验室，中国也于 1931 年建立中国第一个水工试验所，开始水利工程的试验研究工作。

第四阶段：水利科学的新阶段，当今世界面临的一些重大问题，人口激增、能源紧张、生态失调、环境恶化等都和进一步解决水问题有关。而许多地区面临的水资源不足、质量下降的局面，更增加了问题的复杂性和严重性。他认为当代的水利科学将纵贯技术、自然和社会三个科学领域进入综合性水利科学体系发展的新阶段。这些多年前的系统论述，至今还有深刻的科学含义和现实意义。

娄溥礼不仅是一位脚踏实地的优秀科技工作者，还是新中国培养的胸怀全局、高瞻远瞩的新一代水利科技工作优秀的组织者和领导人。他善于把科技知识用于指导生产实践，又善于组织广大科技人员共同为解决国家的重大科技问题联合攻关。

他参与了国家有关水利的重大决策，提出一些十分重要的建议，如 1972-1978

引黄灌溉

年提出新疆地区应采取打井发展水利，而不应建平原水库的建议，他所主持编写的水利发展规划至今仍有重要指导意义。他在 1985 年完成的"2000 年中国灌溉排水发展预测与对策"中，按照中国年降水量 400 毫克和 1000 毫米的等值线，认为可以把全国划分为常年灌溉带、不稳定灌溉带和补充灌溉带。在对策上指出中国农田灌排事业应以提高经济效益为中心，内涵为主、适当外延，实行两个转变，即由以往发展面积为主，转到以提高经济效益为主；以工程建设为主，转到以经营管理和技术改造为主；农村经济更向专业化、商品化、现代化转变，等等。

在 1987 年完成的"中国水利发展大纲"中，他明确提出中国水利发展中存在五大问题，即：江河洪水灾害、北方地区和城市缺水、水利工程老化、水资源开发利用程度不高和水土流失与水资源污染的生态环境问题。他将中国未来的水利建设分为三个阶段，即初期(1986—2000 年)、中期(2000—2020 年)和远期(2020—2050 年)，针对上述五个问题分别提出了不同时期的具体指标。他指出中国水利的远期目标是为繁荣经济、社会发展和改善生态环境提供水资源保证，基本控制大范围水旱灾害，实现生态的良性循环。这些规划原则，对中国的水利建设发展具有长远的指导意义。

娄溥礼能敏锐地洞察中国水利科学发展的方向，结合日益加重的洪水灾害和江河污染，他亲自筹划组建了水利部直属的遥感中心和水质中心。这两个中心对中国抗洪减灾和水质保护发挥了重大的作用。娄溥礼善于听取和归纳各种不同的意见，善于总结经验。他任水利部总工程师期间，正值党的十一届三中全会召开，是国家政策转向大兴水利的一个高潮期，他参与主持了南水北调的论证、长江三峡的论证以及大江大河的治理规划制定工作。他所提出的中国水资源开发利用的方针："大力节流，适当开源，强化管理，重视保护"十六字仍是适用的指导方针。

娄溥礼一生兢兢业业，坚持党的领导，对自己的工作和事业尽职尽责。由于长时间的高强度工作，娄溥礼的身体状态越来越差，但他对此并没有过多在意，直到患病去世前一个月都还在北京和安徽前线忙于工作。1988 年 6 月在任上去世。钱正英同志对他的评价是：春蚕到死丝方尽。他为我国的水利与科技事业、保障我国粮油自给奉献了毕生精力。他用自身行动展现了一名中国共产党党员的形象："分外之物不可取，分内之物不可争。"他是中国共产党培养的一位拥有过硬知识和技术的骨干，在农田水利方面发挥了中流砥柱的作用。他一丝不苟的工作态度、顶尖的专业知识储备、个人的精神文化修养都是当代青年学习的榜样。

————————

参考文献

[1] 华年轮，方进玉 . 锲而不舍为事业——访轻工部新任副部长潘蓓蕾 [J]. 瞭望周刊，1991(06).

[2] 天津教育编辑部 . 发刊词 [J]. 天津教育，1950(01).

[3] 俞开美 . 向唐仲文副部长致谢 [J]. 财务与会计，1986(09).

[4] 朱全毅 . 徐铎先生印象 [J]. 东北之窗，2018(23).

[5] 李安定，黄奉初 . 不在其位 顾问其政——访几位主动辞职的副部长 [J]. 瞭望，1982(02).

[6] 徐占前，王欲鸣，王宇天 . 丰收的大地踩出一串深深的脚窝——记鄂尔多斯市杭锦旗委宣传部副部长王华 [J]. 党建与人才，2002(Z1).

[7] 韩承臻 . 伟大成就的背后 [J]. 中国三峡，2019(03).

[8] 杜跃进，林晨 . 千秋功业 百年抉择——三峡工程风云录 [J]. 瞭望周刊，1992(15).

[9] 谢云 . 有益的声音 [J]. 瞭望周刊，1989(16).

[10] 荣刚 . 邓小平与三峡工程 [J]. 百年潮，2004(08).